I-Juca-Pirama

Os timbiras

Outros poemas

COLEÇÃO A OBRA-PRIMA DE CADA AUTOR

I-Juca-Pirama
Os timbiras
Outros poemas

Gonçalves Dias

TEXTO INTEGRAL

3ª Edição

A ortografia deste livro foi atualizada segundo o Acordo Ortográfico da Língua Portuguesa (1990), que passou a vigorar em 2009.

MARTIN CLARET

CONSELHO EDITORIAL
Martin Claret

PRODUÇÃO EDITORIAL
Taís Gasparetti

CAPA
Ilustração: Maurício Negro

MIOLO
Revisão: Isaias Zilli
Projeto gráfico: José Duarte T. de Castro
Editoração eletrônica: Editora Martin Claret
Impressão e acabamento: PSI7

Dados Internacionais de Catalogação na Publicação (CIP)
(Câmara Brasileira do Livro, SP, Brasil)

Dias, Gonçalves, 1823-1864.
I-Juca Pirama, Os timbiras e outros poemas / Gonçalves Dias. — 3. ed. — São Paulo: Martin Claret, 2012. — (Coleção a obra-prima de cada autor; 92)

"Texto integral"
ISBN 978-85-7232-517-2

1. Poesia brasileira I. Título. II. Título: Os timbiras. III. Série.

11-13046 CDD-869.91

Índices para catálogo sistemático:

1. Poesia: Literatura brasileira 869.91

EDITORA MARTIN CLARET LTDA.
Rua Alegrete, 62 – Bairro Sumaré – CEP: 01254-010 – São Paulo – SP
Tel.: (11) 3672-8144 – Fax: (11) 3673-7146
www.martinclaret.com.br / editorial@martinclaret.com.br
1ª reimpressão - 2015

Sumário

❖

Apresentação

Romantismo

Taís Gasparetti[1]

O Romantismo foi um movimento literário que se iniciou na Europa, no final do século XVIII.

Em oposição à objetividade, ao racionalismo e à retomada dos valores clássicos do Arcadismo, o Romantismo foi um movimento marcado por subjetividade, valorização das emoções, idealismo, individualismo, busca da liberdade de criação, espiritualidade, valorização do passado e nacionalismo.

Contexto histórico

Nascido no contexto da Revolução Francesa, o Romantismo teve início na Europa em um momento em que, em razão da falência dos impérios feudais, o poder passava das mãos da nobreza para as da burguesia. A ascensão da classe burguesa provocou então uma alteração no público consumidor de literatura, que se tornou mais popular.

---

[1] Taís Gasparetti é produtora editorial e atua no mercado de livros há mais de dez anos. Graduada em Letras pela Unicamp, foi professora na rede particular e pública de ensino e participou das bancas de correção de Literatura e Redação da Comissão de Vestibulares (Comvest) do vestibular Unicamp. Atualmente é também redatora, *ghost writer* e revisora de textos.

Assim, surgiram os primeiros folhetins nos jornais, constituídos de uma literatura extremamente sentimentalista, com o intuito de atrair leitores.

Em Portugal, o Romantismo teve como marco a publicação do poema "Camões", de Almeida Garrett, em 1825, e no Brasil, a publicação da obra *Suspiros poéticos e saudades*, de Gonçalves de Magalhães em 1836.

Influências

Alguns filósofos dessa época foram importantes também por influenciar a constituição dos ideais românticos e, consequentemente, o início do movimento. Dentre eles, destacamos:

Jean-Jacques Rousseau (1712-1778) — filósofo suíço considerado precursor do Romantismo. Responsável pela teoria do "bom selvagem", que postulava ideias como: "o homem é bom por natureza. É a sociedade que o corrompe" e "a maioria de nossos males é obra nossa e os evitaríamos, quase todos, conservando uma forma de viver simples, uniforme e solitária que nos era prescrita pela natureza".

Johann Gottlieb Fichte (1762-1814) — filósofo alemão que afirmava que o racionalismo era apenas uma parte do intelecto, ao lado de outros aspectos, como experiência, intuição, imaginação, entre outros. Por isso a influência aos românticos.

Friedrich Wilhelm Joseph von Schelling (1775-1854) — filósofo alemão considerado um dos mais importantes do Idealismo alemão pós-kantiano. Afirmava que "o único conhecimento possível é o que a consciência tem de si própria", assim, o único saber relevante era o autoconhecimento, ideia relacionada ao individualismo e subjetivismo dos escritores românticos.

O autor

Adriana Junqueira Arantes[2]

Antônio Gonçalves Dias (1823-1864), nascido no Maranhão e mestiço de português com cafuza, foi poeta, dramaturgo, filólogo, professor e homem público.

Ainda menino começou a trabalhar na loja do pai e a estudar latim, francês e filosofia. Em 1840, após a morte do pai, embarcou para Portugal com a ajuda da madrasta, ingressando na Universidade de Coimbra. Lá se aproximou do grupo "medievalista", circunstância que marcaria sua obra. É desse período a sua "Canção do exílio", um dos mais conhecidos poemas brasileiros.

Ao terminar os estudos, retornou ao Brasil e conheceu Ana Amélia Ferreira do Vale, seu grande amor.

Em 1847, publicou os *Primeiros cantos,* livro lhe trouxe admiração e fama. A partir daí, passou a exercer cargos públicos e a viajar constantemente em nome da Secretaria dos Negócios Estrangeiros do Brasil.

Dois importantes fatos marcaram o ano de 1851 para Gonçalves Dias: a publicação de *Últimos cantos* e também o pedido de casamento a Ana Amélia. Recusado pela família da moça, casou-se com Olímpia da Costa. Em 1862, já dando mostras de sua saúde frágil, foi se tratar na Europa.

Dois anos depois, embarcou para retornar ao Brasil; mas, do naufrágio do navio na costa maranhense, foi a única vítima fatal.

Gonçalves Dias é conhecido sobretudo por sua obra indianista. Típico representante do Romantismo, sua poesia confere caráter nacional à literatura brasileira junto à ficção de José de Alencar. É o patrono da Cadeira nº 15 da Academia Brasileira de Letras.

---

[2] Adriana Junqueira Arantes é mestre em literatura hispano-americana pela Universidade de São Paulo. É professora de literaturas em língua espanhola, teoria da literatura e língua espanhola. Atua também como tradutora de textos de ficção, como redatora lexicográfica, na organização de obras ficcionais e na produção de material didático. Atualmente é também professora-pesquisadora da UNEB, pelo programa UAB/CAPES do Ministério da Educação, e trabalha na produção de material didático de literaturas em língua espanhola para a Letras/EAD.

O estilo de Gonçalves Dias

Gonçalves Dias pode ser considerado o criador da linguagem poética romântica no Brasil. Seu conhecimento da língua indígena — publicou um *Dicionário da língua tupi* — e das coisas do Brasil proporcionou ao poeta enorme possibilidade de trato com o português usado no Brasil, seus ritmos, suas entonações e sua riqueza. A incorporação de vocabulário tupi na linguagem poética de língua portuguesa confere à sua obra um aspecto totalmente novo, se visto em relação à toda poesia brasileira praticada até aquele momento.

Ainda assim, é forçoso notar o aspecto oscilante da sua linguagem. As longas temporadas em Portugal lhe valeram uma íntima ligação com o lirismo popular ibérico, o que explica a tendência para as inversões sintáticas e o uso do português arcaico, características sempre presentes em sua obra.

Parte integrante da 1ª fase do Romantismo brasileiro, sua obra poética, lírica ou épica, enquadrou-se na chamada temática "americana", incorporando paisagens e temas nacionais, ambientando-se na natureza local, recorrendo aos assuntos vinculados ao indígena e abrindo caminho para a formação de uma identidade cultural brasileira.

Ao lado da natureza local e do homem nativo há ainda a lírica autorreferente do autor. O amor e a morte, temas caros ao espírito romântico, estão também presentes em sua obra. Os aspectos marcantes da sua vida, tais como a saúde frágil e sua origem mestiça, aparecem com certa constância em sua lírica, apontando para a presença do individualismo e do idealismo tão característicos da estética romântica; especialmente as de linhagem alemã e inglesa.

Sobre *I-Juca-Pirama*

Obra-prima da literatura nacional, *I-Juca-Pirama* é o ponto mais alto da poesia indianista. Seu conteúdo de grande apelo emocional e entusiasmo lírico — pese seu caráter narrativo — conferem ao poema enorme força.

Quando o Romantismo chegou ao Brasil, sofreu uma espécie de adaptação para o contexto nacional. Os valores medievais europeus resgatados pelo Romantismo foram transpostos para o Indianismo; daí o fato de os personagens indígenas terem adquirido um caráter heroico, como os protagonistas das novelas de cavalaria.

Tomado como protótipo de brasileiro, o indígena e sua cultura oferecem um acervo simbólico para os autores da 1ª fase do Romantismo brasileiro. Esta fase caracterizou-se por um nacionalismo ufânico que buscava resgatar o passado histórico; isto é, o homem primitivo do continente, suas lendas e mitologia, fazendo deste personagem o símbolo da identidade nacional.

Assim, esse poema dividido em 10 cantos, cada um com métrica própria, expõe o caráter sacrificial das culturas nativas por meio de seu título em tupi: I-Juca-Pirama, "aquele que é digno de morrer". Essa visão mais próxima do índio e sua cultura, ainda que idealizada pelo gosto romântico, reflete o pensamento ocidental de honra típico das novelas de cavalaria. Se o homem europeu podia encontrar na Idade Média as origens da nacionalidade, o mesmo não ocorria com o brasileiro. Talvez por isso, o culto do bom selvagem: o indígena como símbolo para a realização heroica do passado.

Usando da técnica do *flash-back*, o poema canta em 3ª pessoa as histórias de um corajoso guerreiro tupi que deveria ser devorado pelos timbiras em um ritual antropofágico. O velho timbira, que aparece como narrador-testemunha, conta o drama de I-Juca-Pirama, índio Tupi aprisionado pela tribo inimiga que implora por sua libertação a fim de prosseguir cuidando de seu pai velho e enfermo. O chefe timbira aceita o pedido humilhando, contudo, o prisioneiro. O pai do índio, por um dever de honra, quer retratar-se junto aos timbiras e nega o próprio filho, o jovem guerreiro que, por fim, luta com a tribo inimiga. Restituída a honra do guerreiro, pai e filho recobram a dignidade tupi.

Sobre *Os timbiras*

O poema inacabado de Gonçalves Dias, *Os timbiras*, pertence também à literatura indianista. Consta de uma introdução e de quatro cantos.

Se *I-Juca-Pirama* é um poema lírico, apesar do tom narrativo, *Os timbiras* é definitivamente uma epopeia. O uso disseminado de termos de origem indígena e dos versos brancos (ausência de rima) também são marcas que o caracterizam.

Exaltando a natureza e o sentimento de valentia e honra do índio, a epopeia de Gonçalves Dias narra ao longo de seus versos os feitos de guerreiros timbiras, principalmente do chefe Itajuba e do jovem guerreiro Jatir. O universo dos timbiras é povoado por piagas (pajés) e bravos guerreiros que são idealizados, corajosos, puros, honrados, transformando-se numa espécie de encarnação do brasileiro, conforme convinha à 1ª fase do Romantismo brasileiro, da qual o poeta maranhense foi o maior cultivador.

❖

I-Juca-Pirama

I-Juca-Pirama*

I

No meio das tabas de amenos verdores,
Cercadas de troncos — cobertos de flores,
Alteiam-se os tetos da altiva nação;
São muitos seus filhos, nos ânimos fortes,
Temíveis na guerra, que em densas coortes
Assombram das matas a imensa extensão.

São rudos, severos, sedentos de glória,
Já prélios incitam, já cantam vitória,
Já meigos atendem à voz do cantor;
São todos Timbiras, guerreiros valentes!
Seu nome lá voa na boca das gentes,
Condão de prodígios, de glória e terror!

---

* *I-Juca-Pirama:* O título desta poesia, traduzido literalmente da língua tupi, vale tanto como se em português disséssemos "o que há de ser morto, o que é digno de ser morto". (Nota do Autor.)

[1] *Taba:* aldeia de índios, composta de diferentes habitações, a que chamavam ocas. Quando estas habitações se achavam isoladas, ou fossem levantadas para o abrigo de uma ou já de muitas famílias, tomavam o nome de *Tejupab* ou *Tejupabas*. (Nota do Autor.)

[7] *Rudos:* corruptela de *rude*.

[10] *Timbiras:* tapuias, que habitam o interior da província do Maranhão. (Nota do Autor.)

As tribos vizinhas, sem forças, sem brio,
As armas quebrando, lançando-se ao rio,
O incenso aspiraram dos seus maracás:
Medrosos das guerras que os fortes acendem,
Custosos tributos ignavos lá rendem,
Aos duros guerreiros sujeitos na paz.

No centro da taba se estende um terreiro,
Onde ora se aduna o concílio guerreiro
Da tribo senhora, das tribos servis:
Os velhos sentados praticam d'outrora,
E os moços inquietos, que a festa enamora,
Derramam-se em torno dum índio infeliz.

Quem é? — ninguém sabe: seu nome é ignoto,
Sua tribo não diz: — de um povo remoto
Descende por certo — dum povo gentil;
Assim lá na Grécia ao escravo insulano
Tornavam distinto do vil muçulmano
As linhas corretas do nobre perfil.

Por casos de guerra caiu prisioneiro
Nas mão dos Timbiras: — no extenso terreiro
Assola-se o teto, que o teve em prisão;
Convidam-se as tribos dos seus arredores,

---

[14] Por este ato declaravam firmadas as pazes. Vieira faz menção desta solenidade quando, em uma informação ao monarca português, se ocupa da aliança feita entre os missionários por parte dos portugueses e dos *Nhe-engaybas* de Marajó. (Nota do Autor.)

[29] *Muçulmano:* sectário de Maomé.

[33] A descrição das cerimônias, com que eles usavam matar os seus prisioneiros de guerra, é rigorosamente exata, ainda que não adotamos dos autores senão aquilo em que todos ou a maior parte concordam. Veja-se Hans Staden — cap. 28 — dos usos e costumes dos Tupinambás. — *Notícias do Brasil*, cap. 171 e 172. *Notícias Curiosas* L. 1, nº 138 e Léry cap. XV. (Nota do Autor.)

Cuidosos se incumbem do vaso das cores,
Dos vários aprestos da honrosa função.

Acerva-se a lenha da vasta fogueira,
Entesa-se a corda da embira ligeira,
Adorna-se a maça com penas gentis:
A custo, entre as vagas do povo da aldeia
Caminha o Timbira, que a turba rodeia,
Garboso nas plumas de vário matiz.

Entanto as mulheres com leda trigança,
Afeitas ao rito da bárbara usança,
O índio já querem cativo acabar:
A coma lhe cortam, os membros lhe tingem
Brilhante enduape no corpo lhe cingem,
Sombreia-lhe a fronte gentil canitar.

---

[38] Chamava-se muçurana a corda com que se atava o prisioneiro. — *"Et une longue corde nommée massarana avec laquelle ils les attachent* (les captifs) *quand ils doivent être assomés"*. (H. Staden, p. 300). *Musarana* escreve Ferdinand Denis, acrescentando que era feita de algodão. É possível que em algumas tribos fosse feita desta matéria, mas convém notar que na maior parte delas era uso fabricarem-se cordas de embira. (Nota do Autor.)

[39] A maça do sacrifício não era o mesmo que a ordinária, e tinha mais a diferença dos ornatos, que se lhe juntava, e do esmero com que era trabalhada. Lavravam e pintavam todo o punho — embargadura, como o chamavam — com desenhos e relevos a seu modo curiosos, e dela deixavam pendente uma borla de penas delicadas e de cores diferentes, sendo a folha ornada de mosaicos. — "Pintam (diz H. Staden, p. 301) a maça do sacrifício, a que chamam *iverapeme,* com a qual deve ser sacrificado o prisioneiro: passam-lhe por cima uma matéria viscosa, e tomando depois a casca dos ovos de um pássaro chamado *Mackukawa* de cor parda escura, reduzem-nas a pó, e com ele salpicam toda a maça. Preparada a iverapeme, e adornada de penas, suspendem-na em uma cabana inabitada, e cantam em redor dela toda a noite". — Ferdinand Denis, acrescentando-lhe o artigo francês, escreve *Liverapeme,* que diz ser feita de pau-ferro e com mosaicos de diferentes cores. Vasconcelos dá-lhe o nome de Tangapema, que é o termo do dicionário brasiliano. (Nota do Autor.)

[47] *Enduape:* fraldão de penas de que se serviam os guerreiros: damos a

II

Em fundos vasos da alvacenta argila
Ferve o cauim;
Enchem-se as copas, o prazer começa,
Reina o festim.

O prisioneiro, cuja morte anseiam,
Sentado está,
O prisioneiro, que outro sol no ocaso
Jamais verá!

A dura corda, que lhe enlaça o colo,
Mostra-lhe o fim
Da vida escura, que será mais breve
Do que o festim!

Contudo os olhos de ignóbil pranto
Secos estão;
Mudos os lábios não descerram queixas
Do coração.

---

denominação de *arasoia* àqueles de que usavam as mulheres *"Ils font avec de plumes d'au truches une espèce d'ornement de forme ronde, qu'ils attachent au bas du dos, quand ils vont à quelque grande fête: ils les nomment enduap."* H. Staden, p. 270. Vasconcelos trata do *enduape* sem lhe dar nome algum especial. "Pela cintura apertam uma larga zona: desta pende até os joelhos um largo fraldão a modo trágico, e de tão grande roda como é a de um ordinário chapéu de sol". *Notícias Curiosas* L. 1, nº 129. (Nota do Autor.)

[48] *Canitar:* é o nome do penacho ou cocar, de que usavam os guerreiros de raça tupi, quando em marcha para a guerra, ou se aprestavam para alguma solenidade de importância igual a esta. *"Ils sont aussi abitude de s'attacher sur la tête un bouquet de plumes rouges qu'ils nomment Kanittare"* (H. Staden). — Usam de umas coroas a que chamam *acanggetar* (Laet). Os primeiros portugueses escreveram *acangatar,* que literalmente quer dizer "enfeite ou ornato de cabeça". (Nota do Autor.)

Mas um martírio, que encobrir não pode,
Em rugas faz
A mentirosa placidez do rosto
Na fronte audaz!

Que tens, guerreiro? Que temor te assalta
No passo horrendo?
Honra das tabas que nascer te viram,
Folga morrendo.

Folga morrendo; porque além dos Andes
Revive o forte,
Que soube ufano contrastar nos medos
Da fria morte.

Rasteira grama, exposta ao sol, à chuva,
Lá murcha e pende:
Somente ao tronco, que devassa os ares,
O raio ofende!

Que foi? Tupã mandou que ele caísse,
Como viveu;
E o caçador que o avistou prostrado
Esmoreceu!

Que temes, ó guerreiro? Além dos Andes
Revive o forte,
Que soube ufano contrastar os medos
Da fria morte.

III

Em larga roda de novéis guerreiros
Ledo caminha o festival Timbira,
A quem do sacrifício cabe as honras.
Na fronte o canitar sacode em ondas,

O enduape na cinta se embalança,
Na destra mão sopesa a ivirapema,
Orgulhoso e pujante. — Ao menor passo
Colar d'alvo marfim, insígnia d'honra,
Que lhe orna o colo e o peito, ruge e freme,
Como que por feitiço não sabido
Encantadas ali as almas grandes
Dos vencidos Tapuias, inda chorem
Serem glória e brasão d'imigos feros.

"Eis-me aqui", diz ao índio prisioneiro;
"Pois que fraco, e sem tribo, e sem família,
"As nossas matas devassaste ousado,
"Morrerás morte vil da mão de um forte."

Vem a terreiro o mísero contrário;
Do colo à cinta a muçurana desce;
"Dize-nos quem és, teus feitos canta,
"Ou se mais te apraz, defende-te." Começa
O índio, que ao redor derrama os olhos,
Com triste voz que os ânimos comove.

IV

Meu canto de morte,
Guerreiros, ouvi:
Sou filho das selvas,
Nas selvas cresci;
Guerreiros, descendo
Da tribo Tupi.

---

[94] *Ivirapema:* maça com que os índios matavam os prisioneiros.

[100] *Tapuias:* tribo indígena.

[107] *Muçurana:* corda com que os índios atavam os prisioneiros.

Da tribo pujante,
Que agora anda errante
Por fado inconstante,
Guerreiros, nasci:
Sou bravo, sou forte,
Sou filho do Norte;
Meu canto de morte,
Guerreiros, ouvi.

Já vi cruas brigas,
De tribos imigas,
E as duras fadigas
Da guerra provei;
Nas ondas mendaces
Senti pelas faces
Os silvos fugaces
Dos ventos que amei.

Andei longes terras,
Lidei cruas guerras,
Vaguei pelas serras
Dos vis Aimorés;
Vi lutas de bravos,
Vi fortes — escravos!
De estranhos ignavos
Calcados aos pés.

E os campos talados,
E os arcos quebrados,
E os piagas coitados
Já sem maracás;
E os meigos cantores,
Servindo a senhores,

---

137 *Aimorés*: tribo indígena.

Que vinham traidores,
Com mostras de paz.

Aos golpes do imigo
Meu último amigo,
Sem lar, sem abrigo
Caiu junto a mi!
Com plácido rosto,
Sereno e composto,
O acerbo desgosto
Comigo sofri.

Meu pai a meu lado
Já cego e quebrado,
De penas ralado,
Firmava-se em mi:
Nós ambos, mesquinhos
Por ínvios caminhos,
Cobertos de espinhos
Chegamos aqui!

O velho no entanto
Sofrendo já tanto
De fome e quebranto,
Só queria morrer!
Não mais me contenho,
Nas matas me embrenho,
Das frechas que tenho
Me quero valer.

Então, forasteiro,
Caí prisioneiro
De um troço guerreiro
Com que me encontrei:

---

176 *Troço:* parte de um corpo de tropa.

O cru dessossego
Do pai fraco e cego,
Enquanto não chego,
Qual seja, — dizei!

Eu era o seu guia
Na noite sombria,
A só alegria
Que Deus lhe deixou:
Em mim se apoiava,
Em mim se firmava,
Em mim descansava,
Que filho lhe sou.

Ao velho coitado
De penas ralado,
Já cego e quebrado,
Que resta? — Morrer.
Enquanto descreve
O giro tão breve
Da vida que teve,
Deixai-me viver!

Não vil, não ignavo,
Mas forte, mas bravo,
Serei vosso escravo:
Aqui virei ter.
Guerreiros, não coro
Do pranto que choro;
Se a vida deploro,
Também sei morrer.

V

Soltai-o! — diz o chefe. Pasma a turba;
Os guerreiros murmuram: mal ouviram,

Nem pôde nunca um chefe dar tal ordem!
Brada segunda vez com voz mais alta,
Afrouxam-se as prisões, a embira cede,
A custo, sim; mas cede: o estranho é salvo.
— Timbira, diz o índio enternecido,
Solto apenas dos nós que o seguravam;
És um guerreiro ilustre, um grande chefe,
Tu que assim do meu mal te comoveste,
Nem sofres que, transposta a natureza,
Com olhos onde a luz já não cintila,
Chore a morte do filho o pai cansado,
Que somente por seu na voz conhece.
— És livre; parte.
— E voltarei.
— Debalde.
— Sim, voltarei, morto meu pai.
— Não voltes!
É bem feliz, se existe, em que não veja,
Que filho tem, qual chora: és livre; parte!
— Acaso tu supões que me acobardo,
Que receio morrer!
— És livre; parte!
— Ora não partirei; quero provar-te
Que um filho dos Tupis vive com honra,
E com honra maior, se acaso o vencem,
Da morte o passo glorioso afronta.

— Mentiste, que um Tupi não chora nunca.
E tu choraste!... parte; não queremos
Com carne vil enfraquecer os fortes.

Sobresteve o Tupi: — arfando em ondas
O rebater do coração se ouvia
Precípite. — Do rosto afogueado

---

237 *Sobresteve:* parou.

Gélidas bagas de suor corriam:
Talvez que o assaltava um pensamento...
Já não... que na enlutada fantasia,
Um pesar, um martírio ao mesmo tempo,
Do velho pai a moribunda imagem
Quase bradar-lhe ouvia: — Ingrato! Ingrato!
Curvado o colo, taciturno e frio,
Espectro d'homem, penetrou no bosque!

VI

— Filho meu, onde estás?
— Ao vosso lado;
Aqui vos trago provisões; tomai-as,
As vossas forças restaurai perdidas,
E a caminho, e já!
— Tardaste muito!
Não era nado o sol, quando partiste,
E frouxo o seu calor já sinto agora!

— Sim, demorei-me a divagar sem rumo,
Perdi-me nestas matas intrincadas,
Reaviei-me e tornei; mas urge o tempo;
Convém partir, e já!
— Que novos males
Nos restam de sofrer? — que novas dores,
Que outro fado pior Tupã nos guarda?
— As setas da aflição já se esgotaram,
Nem para novo golpe espaço intacto
Em nossos corpos resta.
— Mas tu tremes!
— Talvez do afã da caça....
— Oh filho caro!
Um quê misterioso aqui me fala,
Aqui no coração; piedosa fraude
Será por certo, que não mentes nunca!

Não conheces temor, e agora temes?
Vejo e sei: é Tupã que nos aflige,
E contra o seu querer não valem brios.
Partamos!... —
E com mão trêmula, incerta
Procura o filho, tateando as trevas
Da sua noite lúgubre e medonha.
Sentido o acre odor das frescas tintas,
Uma ideia fatal correu-lhe à mente...
Do filho os membros gélidos apalpa,
E a dolorosa maciez das plumas
Conhece estremecendo: — foge, volta,
Encontra sob as mãos o duro crânio,
Despido então do natural ornato!...
Recua aflito e pávido, cobrindo
Às mãos ambas os olhos fulminados,
Como que teme ainda o triste velho
De ver, não mais cruel, porém mais clara
Daquele exício grande a imagem viva
Ante os olhos do corpo afigurada.
Não era que a verdade conhecesse
Inteira e tão cruel qual tinha sido;
Mas que funesto azar correra o filho,
Ele o via; ele o tinha ali presente;
E era de repetir-se a cada instante.
A dor passada, a previsão futura
E o presente tão negro, ali os tinha;
Ali no coração se concentrava,
Era num ponto só, mas era a morte!
— Tu prisioneiro, tu?
Vós o dissestes.
— Dos índios?
— Sim.
— De que nação?
— Timbiras.
— E a muçurana funeral rompeste,

Dos falsos manitôs quebraste a maça...
— Nada fiz... aqui estou.
— Nada! —
Emudecem,
Curto instante depois prossegue o velho:
— Tu és valente, bem o sei; confessa,
Fizeste-o, certo, ou já não foras vivo!
— Nada fiz; mas souberam da existência
De um pobre velho, que em mim só vivia...
— E depois?...
— Eis-me aqui.
— Fica essa taba?
— Na direção do sol, quando transmonta.
— Longe?
— Não muito.
— Tens razão; partamos!
— E quereis ir?...
— Na direção do ocaso.

VII

"Por amor de um triste velho,
Que ao termo fatal já chega,
Vós, guerreiros, concedestes
A vida a um prisioneiro.
Ação tão nobre vos honra,
Nem tão alta cortesia
Vi eu jamais praticada
Entre os Tupis, — e mais foram
Senhores em gentileza.
"Eu porém nunca vencido,
Nem nos combates por armas,
Nem por nobreza nos atos;
Aqui venho, e o filho trago.
Vós o dizeis prisioneiro,
Seja assim como dizeis;

Mandai vir a lenha, o fogo,
A maça do sacrifício
E a muçurana ligeira:
Em tudo o rito se cumpra!
E quando eu for só na terra,
Certo acharei entre os vossos,
Que tão gentis se revelam,
Alguém que meus passos guie;
Alguém, que vendo o meu peito
Coberto de cicatrizes,
Tomando a vez de meu filho,
De haver-me por pai se ufane!"

Mas o chefe dos Timbiras,
Os sobrolhos encrespando,
Ao velho Tupi guerreiro
Responde com torvo acento:

— Nada farei do que dizes:
É teu filho imbele e fraco!
Aviltaria o triunfo
Da mais guerreira das tribos
Derramar seu ignóbil sangue:
Ele chorou de cobarde;
Nós outros, fortes Timbiras,
Só de heróis fazemos pasto. —
Do velho Tupi guerreiro
A surda voz na garganta
Faz ouvir uns sons confusos,
Como os rugidos de um tigre,
Que pouco a pouco se assanha!

VIII

"Tu choraste em presença da morte?
Na presença de estranhos choraste?

Não descende o cobarde do forte;
Pois choraste, meu filho não és!
Possas tu, descendente maldito
De uma tribo de nobres guerreiros,
Implorando cruéis forasteiros,
Seres presa de vis Aimorés.

"Possas tu, isolado na terra,
Sem arrimo e sem pátria vagando,
Rejeitado da morte na guerra,
Rejeitado dos homens na paz,
Ser das gentes o espectro execrado;
Não encontres amor nas mulheres,
Teus amigos, se amigos tiveres,
Tenham alma inconstante e falaz!

"Não encontres doçura no dia,
Nem as cores da aurora te ameiguem,
E entre as larvas da noite sombria
Nunca possas descanso gozar:
Não encontres um tronco, uma pedra,
Posta ao sol, posta às chuvas e aos ventos,
Padecendo os maiores tormentos,
Onde possas a fronte pousar.

"Que a teus passos a relva se torre;
Murcham prados, a flor desfaleça,
E o regato que límpido corre,
Mais te acenda o vesano furor;
Suas águas depressa se tornem,
Ao contacto dos lábios sedentos,
Lago impuro de vermes nojentos,
Donde fujas com asco e terror!

"Sempre o céu, como um teto incendido,
Creste e punja teus membros malditos

E o oceano de pó denegrido
Seja a terra ao ignavo Tupi!
Miserável, faminto, sedento,
Manitôs lhe não falem nos sonhos,
E do horror os espectros medonhos
Traga sempre o cobarde após si.

"Um amigo não tenhas piedoso
Que o teu corpo na terra embalsame,
Pondo em vaso d'argila cuidoso
Arco e frecha e tacape a teus pés!
Sê maldito, e sozinho na terra;
Pois que a tanta vileza chegaste,
Que em presença da morte choraste,
Tu, cobarde, meu filho não és."

IX

Isto dizendo, o miserando velho
A quem Tupã tamanha dor, tal fado
Já nos confins da vida reservara,
Vai com trêmulo pé, com as mãos já frias
Da sua noite escura as densas trevas
Palpando. — Alarma! Alarma! — O velho para!
O grito que escutou é voz do filho,
Voz de guerra que ouviu já tantas vezes
Noutra quadra melhor. — Alarma! Alarma!
Esse momento só vale apagar-lhe
Os tão compridos transes, as angústias,
Que o frio coração lhe atormentaram
De guerreiro e de pai: — vale, e de sobra.
Ele que em tanta dor se contivera,
Tomado pelo súbito contraste,
Desfaz-se agora em pranto copioso,
Que o exaurido coração remoça.

A taba se alborota, os golpes descem,
Gritos, imprecações profundas soam,
Emaranhada a multidão braveja,
Revolve-se, enovela-se confusa,
E mais revolta em mor furor se acende.
E os sons dos golpes que incessantes fervem.
Vozes, gemidos, estertor de morte
Vão longe pelas ermas serranias
Da humana tempestade propagando
Quantas vagas de povo enfurecido
Contra um rochedo vivo se quebravam.
Era ele, o Tupi; nem fora justo
Que a fama dos Tupis — o nome, a glória,
Aturado labor de tantos anos,
Derradeiro brasão da raça extinta,
De um jacto e por um só se aniquilasse.

— Basta! clama o chefe dos Timbiras,
— Basta, guerreiro ilustre! assaz lutaste,
E para o sacrifício é mister forças.

O guerreiro parou, caiu nos braços
Do velho pai, que o cinge contra o peito,
Com lágrimas de júbilo bradando:
"Este sim, que é meu filho muito amado!
"E pois que o acho enfim, qual sempre o tive,
"Corram livres as lágrimas que choro,
"Estas lágrimas, sim, que não desonram."

X

Um velho Timbira, coberto de glória,
Guardou a memória
Do moço, guerreiro, do velho Tupi!
E à noite, nas tabas, se alguém duvidava
Do que ele contava,
Dizia prudente. — "Meninos, eu vi!"

"Eu vi o brioso no largo terreiro
Cantar prisioneiro
Seu canto de morte, que nunca esqueci:
Valente, como era, chorou sem ter pejo;
Parece que o vejo,
Que o tenho nest'hora diante de mi.
"Eu disse comigo: Que infâmia d'escravo!
Pois não era, um bravo;
Valente e brioso, como ele, não vi!
E à fé que vos digo: parece-me encanto
Que quem chorou tanto,
Tivesse a coragem que tinha o Tupi!"

Assim o Timbira, coberto de glória,
Guardava a memória
Do moço guerreiro, do velho Tupi.
E à noite nas tabas, se alguém duvidava
Do que ele contava,
Tornava prudente: "Meninos, eu vi."

❖

Os timbiras

À majestade do muito alto e muito poderoso príncipe o Senhor D.
Pedro II, Imperador Constitucional e Defensor
Perpétuo do Brasil.

GONÇALVES DIAS

Introdução

Os ritos semibárbaros dos piagas,
Cultores de Tupã, e a terra virgem
Donde como dum tronco, enfim se abriram
Da cruz de Cristo os piedosos braços;
As festas, e batalhas mal sangradas
Do povo americano, agora extinto,
Hei de cantar na lira. — Evoco a sombra
Do selvagem guerreiro!... Torvo o aspecto,
Severo e quase mudo, a lentos passos,
Caminha incerto, — o bipartido arco
Nas mãos sustenta, e dos despidos ombros
Pende-lhe a rota aljava... as entornadas,
Agora inúteis setas, vão mostrando
A marcha triste e os passos mal seguros
De quem, na terra de seus pais, embalde
Procura asilo, e foge o humano trato.

Quem pudera, guerreiros, nos seus cantos
A voz dos piagas teus um só momento
Repetir; essa voz que nas montanhas

Valente retumbava, e dentro da alma
Vos ia derramando arrojo e brios,
Melhor que taças de cauim fortíssimo?!
Outra vez a chapada e o bosque ouviram
Dos filhos de Tupã a voz e os feitos
E as pocemas da morte, levantadas
Dentro do circo, onde o fatal delito
Expia o malfadado prisioneiro,
Que enxerga a maça e sente a muçurana
Cingir-lhe os rins a enodoar-lhe o corpo:
E só de os escutar mais forte acento
Haveriam de achar nos seus refolhos
O monte e a selva e novamente os ecos.

Como os sons do boré,[1] soa o meu canto
Sagrado ao rudo povo americano:
Quem quer que a natureza estima e preza
E gosta ouvir as empoladas vagas
Bater gemendo as cavas penedias,
E o negro bosque sussurrando ao longe —
Escute-me. — Cantor modesto e humilde,
A fronte não cingi de mirto e louro,
Antes de verde rama engrinaldei-a,
De agrestes flores enfeitando a lira;
Não me assentei nos cimos do Parnaso,[2]
Nem vi correr a linfa da Castália.[3]
Cantor das selvas, entre bravas matas
Áspero tronco da palmeira escolho.
Unido a ele soltarei meu canto,
Enquanto o vento nos palmares zune,
Rugindo os longos encontrados leques.

---

[1] Trombeta indígena.

[2] Monte da Grécia (2.547 m.), perto de Delfos, consagrado a Apolo e às Musas.

[3] Fonte ao pé do Monte Parnaso.

Nem só me escutareis fereza e mortes:
As lágrimas do orvalho porventura
Da minha lira distendendo as cordas,
Hão de em parte ameigar e embrandecê-las.
Talvez o lenhador quando acomete
O tronco de alto cedro corpulento,
Vem-lhe tingido o fio da segure[4]
De puro mel, que abelhas fabricaram;
Talvez também nas folhas que engrinaldo
A acácia branca o seu candor derrame
E a flor do sassafrás[5] se estrele amiga.

Canto primeiro

Sentado em sítio escuso descansava
Dos Timbiras o chefe em tronco anoso,
Itajuba, o valente, o destemido
Acossador das feras, o guerreiro
Fabricador das incansáveis lutas.
Seu pai, chefe também, também Timbira,
Chamava-se o Jaguar: dele era fama
Que os musculosos membros repeliam
A frecha sibilante, e que o seu crânio
Da maça aos tesos golpes não cedia.
Cria-se... e em que não crê o povo estulto?
Que um velho piaga na espelunca horrenda
Aquele encanto, inútil num cadáver,
Tirara ao pai defunto, e ao filho vivo
Inteiro o transmitira: é certo ao menos
Que durante uma noite juntos foram
O moço e o velho e o pálido cadáver.

---

[4] Machado.

[5] Árvore de grande porte, de flores amarelas, que fornece madeira de lei.

Mas acertando um dia estar oculto
Num denso tabocal,[6] onde perdera
Traços de fera, que rever cuidava,
Seta ligeira atravessou-lhe um braço.
Mão d'imigo traidor a disparara,
Ou fora algum dos seus, que receoso
Do mal causado, emudeceu prudente.

Relata o caso, irrefletido, o chefe.
Malcrido foi! — por abonar seu dito,
Redobra d'imprudência, — mostra aos olhos
A traiçoeira frecha, o braço e o sangue.
A fama voa, as tribos inimigas
Adunam-se, amotinam-se os guerreiros
E as bocas dizem: o Timbira é morto!
Outras emendam: malferido sangra!
Do nome de Itajuba se despega
O medo, — um só desastre venha, e logo
Esse encanto vai prestes converter-se
Em riso e farsa das nações vizinhas!
Os manitôs, que moram pendurados
Nas tabas de Itajuba, que as protejam:
O terror do seu nome já não vale,
Já defensão não é dos seus guerreiros!

Dos Gamelas um chefe destemido,
Cioso d'alcançar renome e glória,
Vencendo a fama, que os sertões enchia,
Saiu primeiro a campo, armado e forte,
Guedelha e ronco dos sertões imensos,
Guerreiros mil e mil vinham trás ele,
Cobrindo os montes e juncando as matas.
Com pejado carcás[7] de ervadas setas

---

[6] Bambuzal.

[7] Aljava.

Tingidas de urucu,[8] segundo a usança
Bárbara e fera, desgarrados gritos
Davam no meio das canções de guerra.

Chegou, e fez saber que era chegado
O rei das selvas a propor combate
Dos Timbiras ao chefe. — "A nós só caiba
(Disse ele) a honra e a glória; entre nós ambos
Decida-se a questão do esforço e brios.
Estes, que vês, impávidos guerreiros,
São meus, que me obedecem; se me vences,
São teus; se és o vencido, os teus me sigam:
Aceita ou foge, que a vitória é minha".

Não fugirei, responde-lhe Itajuba,
Que os homens, meus iguais, encaram fito
O sol brilhante, e os não deslumbra o raio.

"Serás, pois que me afrontas", toma o bárbaro,
"Do meu valor troféu, — e da vitória,
Que hei de certo alcançar, despojo opimo.
Nas tabas em que habito ora as mulheres
Tecem da sapucaia[9] as longas cordas,
Que os pulsos teus hão de arrochar-te em breve;
E tu vil, e tu preso, e tu coberto
De escárnio e de irrisão! — Cheio de glória
Além dos Andes voará meu nome!"

O filho de Jaguar sorriu-se a furto:
Assim o pai sorri ao filho imberbe,
Que, desprezado o arco seu pequeno,
Talhado para aquelas mãos sem forças,

---

[8] Tinta extraída do urucuzeiro (açafrão).

[9] Árvore da mata atlântica.

Tenta doutro maior curvar as pontas,
Que vezes três o mede em toda a altura!

Travaram luta fera os dois guerreiros.
Primeiro ambos de longe as setas vibram;
Amigos manitôs, que ambos protegem,
Nos ares as desgarram. Do Gamela
Entrou a frecha trêmula num tronco
E só parou no cerne; a do Timbira,
Ciciando veloz, fugiu mais longe,
Roçando apenas os frondosos cimos.
Encontram-se os tacapes, lá se partem;
Ambos o punho inútil rejeitando,
Estreitam-se valentes: braço a braço,
Alentando açodados, peito a peito,
Revolvem fundo a terra aos pés, e ao longe
Rouqueja o peito arfado um som confuso.

Cena vistosa! Quadro aparatoso!
Guerreiros velhos, à vitória afeitos,
Tamanhos campeões vendo na arena,
E a luta horrível de terror transidos,
Qual daqueles heróis há de primeiro
Sentir o egrégio esforço abandoná-lo?
Perguntam; mas não há quem lhes responda.

São ambos fortes: o Timbira ardido,
Esbelto como o tronco da palmeira,
Flexível como a frecha bem talhada.
Ostenta-se robusto o rei das selvas;
Seu corpo musculoso, imenso e forte
É como rocha enorme, que desaba
De serra altiva, e cai no vale inteira.
Não vale humana força desprendê-la
Dali, onde ela está: fugaz corisco,
Bate-lhe a calva fronte sem parti-la.

Separam-se os guerreiros um do outro,
Foi dum o pensamento, — a ação foi de ambos.
Ambos arquejam; descoberto o peito
Arfa, estua, eleva-se, comprime-se,
E o ar em ondas sôfregos respiram.
Cada qual, mais pasmado que medroso,
Se estranha a força que no outro encontra,
A malcuidada resistência o irrita.
Itajuba! Itajuba! — os seus exclamam.
Guerreiro, tal como ele, se descora
Um só momento, é dar-se por vencido.
O filho de Jaguar voltou-se rápido.
Donde essa voz partiu? quem no aguilhoa?
Raiva de tigre anuviou-lhe o rosto
E os olhos cor de sangue irados pulam.

"A tua vida a minha glória insulta!"
Grita ao rival, "e já demais viveste".
Disse, e como o condor, descendo a prumo
Dos astros, sobre o lhama descuidoso,
Pávido o prende nas torcidas garras,
E sobe audaz onde não chega o raio...
Voa Itajuba sobre o rei das selvas,
Cinge-o nos braços, contra si o aperta
Com força incrível: o colosso verga,
Inclina-se, desaba, cai de chofre,
E o pó levanta e atroa forte os ecos.
Assim cai na floresta um tronco anoso,
E o som da queda se propaga ao longe!

O fero vencedor um pé alçando,
Morre! — lhe brada — e o nome teu contigo!
O pé desceu, batendo a arca do peito
Do exânime vencido: os olhos turvos,
Levou, a extrema vez, o desditoso
Àqueles céus d'azul, àquelas matas,

Doce coberta de verdura e flores!

Depois, erguendo o esquálido cadáver
Sobre a cabeça, horrivelmente belo,
Aos seus o mostra ensanguentado e torpe;
Então por vezes três o horrendo grito
Do triunfo soltou; e os seus três vezes
O mesmo grito em coro repetiram.
Aquela massa enfim voa nos ares;
Porém na destra do feliz guerreiro
Dividem-se entre os dedos as melenas,
De cujo crânio marejava o sangue!

Transbordando ufania do sucesso
Inda recente, recordava as frases
Orgulhoso o guerreiro! Ainda escuta
A dura voz, inda a figura avista
Desse, que ousou atravessar-lhe as sanhas:
Lembra-se! e da lembrança grato enlevo
Lhe coa na alma em fogo: longos olhos,
Enquanto assim medita, vai levando
Por onde o céu e as selvas se confundem,
Por onde o rio em tortuosos giros,
Queixoso lambe as empedradas margens.
Assim o jugo seu não escorjassem
Tredos Gamelas com a noturna fuga!
Pérfidos! o herói jurou vingar-se;
Tremei! que há de o valente debelar-vos!
E enquanto segue o céu, e o rio, e as selvas,
Crescem-lhe brios, força, — alteia o colo,
Fita orgulhoso a terra, onde não acha,
Nem crê achar quem lhe resista; eis nisto
Reconhece um dos seus, que pressuroso
Corre a encontrá-lo, — rápido caminha;
Porém d'instante a instante, d'enfiado
Volta o pávido rosto, onde se pinta

O susto vil, que denuncia o fraco.

“Ó filho de Jaguar” — de longe brada,
“Neste aperto nos vale, — ei-los se avançam
Pujantes contra nós, tão bastos, tantos,
Como enredados troncos na floresta”.

Tu sempre tremes, Jurucei, tornou-lhe
Com voz tranquila e majestosa o chefe.
O mel, que em falas sem cessar destilas,
Tolhe-te o esforço e te enfraquece a vista:
Amigos são talvez, amigas tribos,
Algum chefe, que tem conosco as armas,
Em sinal d’aliança, espedaçado:
Vem talvez festejar o meu triunfo,
E os seus cantores celebrar meu nome.

“Não! não! ouvi o som triste e sonoso
Das igaras,[10] rompendo a custo as águas,
Dos remos manejados a compasso,
E os sons guerreiros do boré, e os cantos
Do combate; parece, de irritado,
Tão grande peso agora a flor lhe corta,
Que o rio vai sorver as altas margens”.

E são Gamelas? — perguntou-lhe o chefe.
“Vi-os”, tomou-lhe Jurucei, — “são eles!”
O chefe dos Timbiras dentro da alma
Sentiu ódio e vingança remordê-lo.
Rugiu a tempestade, mas lá dentro;
Cá fora retumbou, mas quase extinta.
Começa então com voz cavada e surda:

---

[10] Canoa feita de casca de árvore.

Irás tu, Jurucei, por mim dizer-lhes:
Itajuba, o valente, o rei da guerra,
Fabricador das incansáveis lutas,
Enquanto a maça não sopesa, enquanto
Dormem-lhe as setas no carcaz imóveis,
Oferece-vos liança e paz; — não ama,
Tigre repleto, espedaçar mais presas,
Nem quer dos vossos derramar mais sangue.
Três grandes tabas, onde heróis pululam,
Tantos e mais que vós, tanto e mais bravos,
Caídas a seus pés, a voz lhe escutam.
Vós outros, atendei, — cortai nas matas
Troncos robustos e frondosas palmas,
E construí cabanas, — onde o corpo
Caiu do rei das selvas, — onde o sangue
Daquele herói, vossa perfídia atesta.
Aquela briga enfim de dois, tamanhos,
Sinalai; porque estranho caminheiro,
Amigas vendo e juntas nossas tabas,
E a fé, que usais guardar, sabendo, exclame:
"Vejo um povo de heróis e um grande chefe!"

Disse: e vingando o cimo do alto monte,
Que em roda largo espaço dominava,
O atroador membi[11] soprou com força.
O tronco, o arbusto, a moita, a rocha, a pedra,
Convertem-se em guerreiros; — mais depressa,
Quando soa o clarim, núncio de guerra,
Não sopra, e escava a terra, e o ar divide
Com as crinas flutuantes, o ginete,
Impávido, orgulhoso, em campo aberto.

[11] Flauta indígena, feita da tíbia de animais (ou de inimigos).

Da montanha Itajuba os vê sorrindo,
Galgando vales, combros, serranias,
Coalhando o ar e o céu de feios gritos.
E folga, porque os vê correr tão prestes
Aos sons do cavo búzio conhecido,
Já tantas vezes repetidos antes
Por vales e por serras; já não pode
Numerá-los, de tantos que se apinham;
Mas, vendo-os, reconhece o vulto e as armas
Dos seus: "Tupã sorri-se lá dos astros",
Diz o chefe entre si, — "lá, descuidosos
Das folganças de Ibaque, heróis timbiras
Contemplam-me, das nuvens debruçados:
E porventura de lhes ser eu filho
Enlevam-se, e repetem, não sem glória,
Os seus cantores de Itajuba o nome".

Vem primeiro Jucá de fero aspecto,
Duma onça bicolor cai-lhe na fronte
A pele vistosa; sob as hirtas cerdas,
Como sorrindo, alvejam dentes brancos,
E nas vazias órbitas lampejam
Dois olhos, fulvos, maus. — No bosque, um dia,
A traiçoeira fera a cauda enrosca
E mira nele o pulo: do tacape
Jucá desprende o golpe, e furta o corpo:
Onde estavam seus pés, as duras garras
Encravam-se enganadas, e onde as garras
Morderam, beija a terra a fera exangue
E, morta, ao vencedor tributa um nome.

Vem depois Jacaré, senhor dos rios,
Ita-roca indomável, — Catucaba,
Primeiro sempre no combate, — o forte
Juçarana, — Poti ligeiro e destro,
O tardo Japeguá, — o sempre aflito

Piaíba, que espíritos perseguem:
Mojacá, Mopereba, irmãos nas armas,
Sempre unidos; ninguém não foi como eles!
Lagos de sangue derramaram juntos;
Filhos e pais e mães de imigas tabas
Odeiam-nos chorando, e a glória de ambos,
Assim chorada, mais e mais se exalta:
Çamotim, Pirajá, e outros infindos,
Heróis também, aos quais faltou somente
Nação menor, menos guerreira tribo.

Japi, o atirador, quando escutava
Os sons guerreiros do membi troante,
Na tesa corda a frecha embebe inteira,
E mira um javali que os alvos dentes,
Navalhados, remove; para, escuta...
Volvem-lhe os mesmos sons: bate-lhe o peito,
Os olhos pulam, — solta horrendo grito,
Arranca e roça a fera!... a fera atônita,
Aterrada, transida, treme, eriça
As duras cerdas; tiritante, pávida,
Esgazeando os olhos fascinados,
Recua: um tronco só lhe embarga os passos.
Por longo trato, de si mesma alheia,
Demora-se, lembrada: a custo o sangue
Volve de novo ao costumado giro,
Enquanto o vulto horrendo se recorda!

"Mas onde está Jatir?" pergunta o chefe,
Que debalde o procura entre os que o cercam:
"Jatir, dos olhos negros, que me luzem,
Melhor que o sol nascendo, dentro da alma;
Jatir, que aos chefes todos anteponho,
Cuja bravura e temerário arrojo
Folgo em reger e moderar nos prélios;
Esse, por que não vem, quando vós vindes?"

— Corre Jatir no bosque, diz um chefe,
Bem sabes como: acinte se desgarra
Dos nossos, — anda só, talvez sem armas,
Talvez bem longe; acordo nele é certo,
Creio, de nos tachar assim de fracos! —

Pai de Jatir, Ogib, entrara em anos;
Grosseiro cedro mal lhe firma os passos,
Os olhos pouco veem; mas de conselho
Valioso e prestante. Ali, mil vezes,
Havia com prudência temperado
O juvenil ardor dos seus, que o ouviam.
Alheio agora da prudência, escuta
A voz que o filho amado lhe crimina.
Sopra-lhe o dizer acre a cinza quente,
Viva, acesa, antes brasa, — o amor paterno:
Amor inda tão forte na velhice,
Como no dia venturoso, quando
Cendi, que os olhos seus só viram bela,
Sorrindo luz de amor dos meigos olhos,
Carinhosa lho deu; quando na rede
Ouvia com prazer as ledas vozes
Dos companheiros seus, — e quando absorto,
Olhos pregados no gentil menino,
Bem longas horas, sim, porém bem doces
Levou cismando aventuradas sinas.
Ali o tinha, ali meigo e risonho
Aqueles tenros braços levantava;
Aqueles olhos límpidos se abriam
À luz da vida: cândido sorriso,
Como o sorrir da flor no romper da alva,
Radiava-lhe o rosto: quem julgara,
Quem pudera aventar, supor ao menos
Haverem de apertar-se aqueles braços
Tão mimosos, um dia, contra o peito
Arquejante e cansado, — e aqueles olhos

Verterem pranto amargo em soledade?
Incrível — porém lágrimas cresceram-lhe
Dos olhos, — lá tombou-lhe uma, das faces
No filho, em cujo rosto um beijo a enxuga.

Agora, Ogib, alheio à prudência,
Que ensina, imputações tão más ouvindo
Contra o filho querido, acre responde.

"São torpes os anuns que em bandos folgam,[12]
São maus os caititus,[13] que em varas pascem.
Somente o sabiá geme sozinho,
E sozinho o condor aos céus remonta.
Folga Jatir de só viver consigo:
Em bem, que tens agora que dizer-lhe?
Esmaga o seu tacape a quem vos prende,
A quem vos dana, afoga entre os seus braços,
E em quem vos acomete, emprega as setas.
Fraco! não temes já que te não falte
O primeiro entre vós, Jatir, meu filho?"

Despeitoso Itajuba, ouvindo um nome,
Embora o de Jatir, apregoado
Melhor, maior que o seu, a testa enruga
E diz severo aos dois que inda argumentam:

"Mais respeito, mancebo, ao sábio velho,
Que éramos nós crianças, manejava
A seta e o arco em defensão dos nossos.
Tu, velho, mais prudência. Entre nós todos
O primeiro sou eu: Jatir, teu filho,
É forte e bravo; porém novo. Eu mesmo

---

[12] O anum (pelincho) nidifica coletivamente.

[13] Porco-do-mato.

Gabo-lhe o porte e a gentileza; e aos feitos
Nóveis aplaudo: bem maneja o arco,
Vibra certeira a frecha; mas... (sorrindo
Prossegue) afora dele inda há quem saiba
Mover tão bem as armas, e nos braços
Robustos, afogar fortes guerreiros.
Jatir virá, senão... serei convosco,
(Disse voltado para os seus, que o cercam)
E bem sabeis que vos não falto eu nunca".

Altercam eles nas ruidosas tabas,
Enquanto Jurucei com pé ligeiro
Caminha: as aves docemente atitam,
De ramo em ramo — docemente o bosque
A medo rumoreja, — a medo o rio
Escoa-se e murmura: um burburinho,
Confuso se propaga, — um raio incerto
Dilata-se do sol dourando o ocaso.
Último som que morre, último raio
De luz, que treme incerta, quantos entes
Oh! quantos! hão de ver a luz de novo
E o romper da alva, e os céus, e a natureza
Risonha e fresca, — e os sons, e os ledos cantos
Ouvir das aves tímidas no bosque
Outra vez ao surgir da nova aurora?!

Canto segundo

Desdobra-se da noite o manto escuro:
Leve brisa sutil pela floresta
Enreda-se e murmura, — amplo silêncio
Reina por fim. Nem saberás tu como
Essa imagem da morte é triste e torva,
Se nunca, a sós contigo, a pressentiste
Longe deste zunir da turba inquieta.

No ermo, sim; procura o ermo e as selvas...
Escuta o som final, o extremo alento,
Que exala em fins do dia a natureza!
O pensamento, que incessante voa,
Vai do som à mudez, da luz às sombras
E da terra sem flor, ao céu sem astro.
Semelha a fraca luz, que inda vacila
Quando, em ledo sarau, o extremo acorde
No deserto salão geme, e se apaga!

Era pujante o chefe dos Timbiras,
Sem conta seus guerreiros, três as tabas,
Opimas, — uma e uma derramadas
Em giro, como dança de guerreiros.
Quem não folgara de as achar nas matas!
Três flores em três hastes diferentes
Num mesmo tronco, — três irmãs formosas
Por um laço de amor ali prendidas
No ermo; mas vivendo aventuradas?
Deu-lhes assento o herói entre dois montes,
Em chã copada de frondosos bosques.
Ali o cajazeiro as perfumava,
O cajueiro, na estação das flores,
De vivo sangue marchetava as folhas;
As mangas, curvas à feição de um arco,
Beijavam-lhes o teto; a sapucaia
Lambia a terra, — em graciosos laços
Doces maracujás de espessas ramas
Sorriam-se pendentes; o pau de arco
Fabricava um dossel de cróceas flores,
E as parasitas de matiz brilhante
A úsnea das palmeiras estrelavam!

Quadro risonho e grande, em que não fosse
Em granito ou em mármore talhado!
Nem palácios, nem torres avistaras,

Nem castelos que os anos vão comendo,
Nem grimpas, nem zimbórios, nem feituras
Em pedra, que os humanos tanto exaltam!
Rudas palhoças só! que mais carece
Quem há de ter somente um sol de vida,
Jazendo negro pó antes do ocaso?
Que mais? Tão bem a dor há de sentar-se
E a morte revoar tão solta em gritos
Ali, como nos átrios dos senhores.
Tão bem a compaixão há de cobrir-se
De dó, limpando as lágrimas do aflito.
Incerteza voraz, tímida esperança,
Desejo, inquietação também lá moram:
Que sobra pois em nós, que falta neles?

De Itajuba separam-se os guerreiros:
Mudos, às portas das sombrias tabas,
Imóveis, nem que fossem duros troncos,
Pensativos meditam: já na guerra
Nada receiam, que Itajuba os manda:
O encanto, os manitôs inda o protegem,
Vela Tupã sobre ele, e os santos piagas
Comprida série de floridas quadras
Ver lhe asseguram: nem de há pouco a luta,
Melhor disseras de renome ensejo,
Os desmentiu, que nunca os piagas mentem.
Medo, certo, não têm; são todos bravos!
Por que meditam pois? Também não sabem!

Sai o piaga no entanto da caverna,
Que nunca humanos olhos penetraram;
Com ligeiro cendal os rins aperta,
Cocar de escuras plumas se debruça
Da fronte, em que se enxerga em fundas rugas
O tenaz pensamento afigurado.
Cercam-lhe os pulsos cascavéis loquazes,

Respondem outros, no tripúdio sacro,
Dos pés. Vem majestoso, e grave, e cheio
do Deus, que o peito seu, tão fraco, habita.
E enquanto o fumo lhe volteia em torno,
Como neblina em torno ao sol que nasce,
Ruidoso maracá nas mãos sustenta,
Solta do sacro rito os sons cadentes.

*

"Visita-nos Tupã, quando dormimos,
É só por seu querer que então sonhamos;
Escute-me Tupã! Sobre vós outros,
Poder do maracá por mim tangido,
Os sonhos desçam, quando o orvalho desce.

O poder de Anhangá[14] cresce com a noite;
Solta de noite o mau seus maus ministros:
Caraibebes na floresta acendem
A falsa luz, que o caçador transvia.
Caraibebes enganosas formas
Dão-nos aos sonhos, quando nós sonhamos.
Poder do fumo, que lhes quebra o encanto,
De vós se partam; mas Tupã vos olhe,
Descendo os sonhos, quando o orvalho desce.

Tristonhos pios a acauã[15] desata,
Quando ao guerreiro prognostica males;
Tristonhos bandos de urubus vorazes
Os sonhos turbam das vencidas hostes:
Cheios de medo os manitôs desertam

---

[14] O espírito do mal, que aparecia sob a forma de um veado, prenunciando a desgraça.

[15] Ave cujo canto os índios consideravam de mau agouro.

As tabas mudas, que hão de ser calcadas,
Já cinza fria, pelo imigo fero.
Não fujam Manitôs as nossas tabas!
Urubus, acauãs nos vossos sonhos,
Virtude e força deste meu tripúdio,
Não se vos pintem; mas Tupã vos olhe
Descendo os sonhos, quando o orvalho desce!

O sonho e a vida são dois galhos gêmeos;
São dois irmãos que um laço amigo aperta:
A noite é o laço; mas Tupã é o tronco
E a seve e o sangue que circula em ambos.
Vive melhor quem da existência ignaro,
Na paz da noite, novas forças cria.
O louco vive com aferro, enquanto
N'alma lhe ondeiam do delírio as sombras,
De vida espúrias; Deus porém lhas rompe,
E na loucura do porvir nos fala!
Tupã vos olhe, e sobre vós do Ibaque
Os sonhos desçam, quando o orvalho desce".

Assim cantava o piaga merencório,
Tangia o maracá, dançava em roda
Dos guerreiros: pudera ouvido atento
Os sons finais da lúgubre toada
Na plácida mudez da noite amiga
De longe, em coro ouvir: "Sobre nós outros
os sonhos desçam, quando o orvalho desce".

Calou-se o piaga, já descansam todos!
Almo Tupã os comunique em sonhos,
E os que sabem tão bem vencer batalhas,
Quando acordados malbaratam golpes,
Saibam dormidos figurar triunfos!

Mas que medita o chefe dos Timbiras?

Bosqueja porventura ardis de guerra,
Fabrica e enreda as ásperas ciladas,
E a olhos nus do pensamento enxerga
Desfeita em sangue revolver-se em gritos
Morte pávida e má?! ou sente e avista,
Escandescida a mente, o deus da guerra
Impávido Aresqui, sanhudo e forte,
Calcar aos pés cadáveres sem conto,
Na destra ingente sacudindo a maça,
Donde certeira como o raio, desce
A morte, e banha-se orgulhosa — em sangue?
Al[16] sente o bravo; outro pensar o ocupa!
Nem Aresqui, nem sangue se lhe antolha,
Nem resolve consigo ardis de guerra,
Nem combates, nem lágrimas medita:
Sentiu calar-lhe na alma um sentimento
Gelado e mudo, como o véu da noite.
Jatir, dos olhos negros, onde para?
Que faz? Que lida? Ou que fortuna corre?
Três sóis já são passados: quanto espaço,
Quanto azar não correu nos amplos bosques
O impróvido mancebo aventureiro?
Ali na relva a cascavel se esconde,
Ali, das ramas debruçado, o tigre
Aferra traiçoeiro a presa incauta!
Reserva-lhe Tupã mais fama e glória,
E voz amiga de cantor suave
Com os altos feitos lhe embalsame o nome!

Assim discorre o chefe, que em nodoso
Tronco rudo-lavrado se recosta:
Não tem poder a noite em seus sentidos,
Que à mesma ideia de contínuo volvem.

---

[16] Al: outra coisa.

Vela e treme nos tetos da cabana
A baça luz das resinosas tochas,
Acres perfumes recendendo; — alastram
De rubins cor de brasa a flor do rio!

"Ouvira com prazer um triste canto",
Diz lá consigo; "um canto merencório,
Que este presságio fúnebre espancasse.
Bem sinto um não sei quê aferventar-se-me
Nos olhos, que vai prestes expandir-se:
Não sei chorar, bem sei; mas fora grato,
Talvez bem grato! À noite, e a sós comigo,
Sentir macias lágrimas chorando.
O talo agreste de um cipó sem graça
Verte compridas lágrimas cortado;
O tronco do cajá desfaz-se em goma,
Suspira o vento, o passarinho canta,
O homem chora! Eu só, mais desditoso,
Invejo o passarinho, o tronco, o arbusto,
E quem, feliz, de lágrimas se paga".

Longo espaço depois falou consigo,
Mudo e sombrio: "Sabiá das matas,
Croá (diz ele ao filho da Iandiroba),
As mais canoras aves, as mais tristes
No bosque, a suspirar contigo aprendam.
Canta, pois que trocara de bom grado
Os altos feitos pelos doces carmes
Quem quer que os escutou, mesmo Itajuba".

Emudeceu: na taba quase escura,
Com pé alterno a dança vagarosa,
Aos sons do maracá, traçava os passos.

"Flor de beleza, luz de amor, Coema",
Murmurava o cantor, "onde te foste,

Tão doce e bela, quando o sol raiava?
Coema, quanto amor que nos deixaste!
Eras tão meiga, teu sorrir tão brando,
Tão macios teus olhos! teus acentos
Cantar perene, tua voz gorjeios,
Tuas palavras mel! O romper da alva,
Se encantos punha a par dos teus encantos,
Tentava embalde pleitear contigo!
Não tinha a ema porte mais soberbo,
Nem com mais graça recurvava o colo!
Coema, luz de amor, onde te foste?

Amava-te o melhor, o mais guerreiro
Dentre nós: elegeu-te companheira,
A ti somente, que só tu achavas
Sorriso e graça na presença dele.
Flor, que nasceste no musgoso cedro,
Cobravas páreas de abundante seiva,
Tinhas abrigo e proteção das ramas...
Que vendaval te despegou do tronco,
E ao longe, em pó, te esperdiçou no vale?
Coema, luz de amor, flor de beleza,
Onde te foste, quando o sol raiava?

Anhangá rebocou estreita igara
Contra a corrente: Orapacém vem nela,
Orapacém, Tupinambá famoso.
Conta prodígios duma raça estranha,
Tão alva como o dia, quando nasce,
Ou como a areia cândida e luzente,
Que as águas dum regato sempre lavam.
Raça, a quem os raios prontos servem,
E o trovão e o relâmpago acompanham.
Já de Orapacém os mais guerreiros
Mordem o pó, e as tabas feitas cinza
Clamam vingança em vão contra os estranhos,

Talvez doutros estranhos perseguidos,
Em punição talvez de atroz delito.
Orapacém, fugindo, brada sempre:
Mair![17] Mair! Tupã! — Terror que mostra,
Brados que solta, e as derrocadas tabas,
Desde Tapuitapera alto proclamam
Do vencedor a indômita pujança.
Ai! não viesse nunca às nossas tabas
O tapuia mendaz, que os bravos feitos
Narrava do Mair; nunca os ouviras,
Flor de beleza, luz de amor, Coema!

A cega desventura, nunca ouvida,
Nos move à compaixão: prestes corremos
Com ledo gasalhado a restaurá-los
Da vil dureza do seu fado: dormem
Nas nossas redes, diligentes vamos
Colher-lhes frutos, — descansados folgam
Nas nossas tabas: Itajuba mesmo
Oferece abrigo ao palrador tapuia!
Hóspedes são, nos diz; Tupã os manda:
Os filhos de Tupã serão bem-vindos,
Onde Itajuba impera! — Ai que não eram,
Nem filhos de Tupã, nem gratos hóspedes
Os vis que o rio, a custo, nos trouxera;
Antes dolosa resfriada serpe
Que ao nosso lar criou vida e peçonha.
Quem nunca os vira! porém tu, Coema,
Leda avezinha, que adejavas livre,
Asas da cor da prata ao sol abrindo,
A serpente cruel por que fitaste,
Se já do olhado mau sentias pejo?!

---

[17] Assim chamavam os índios aos franceses.

Ouvimos, uma vez, da noite em meio,
Voz de aflita mulher pedir socorro
E em tom sumido lastimar-se ao longe.
Orapacém! — bradou feroz três vezes
O filho de Jaguar: clamou debalde.
Somente acode o eco à voz irada.
Quando ele o malfeitor no instinto enxerga,
Em sanhas rompe o chefe hospitaleiro,
E tenta com afã chegar ao termo,
Donde as querelas míseras partiam.
Chegou — já tarde! — nós, mais tardos inda,
Assistimos ao súbito espetáculo!

Queimam-se raros fogos nas desertas
Margens do rio, quase imerso em trevas:
Afadigados no labor noturno,
Os traiçoeiros hóspedes caminham.
Pejando à pressa as côncavas igaras.
Longe, Coema, a doce flor dos bosques,
Com voz de embrandecer duros penhascos,
Suplica e roja em vão aos pés do fero,
Caviloso tapuia! Não resiste
Ao fogo da paixão, que dentro lavra,
O bárbaro, que a viu, que a vê tão bela!

Vai arrastá-la, — quando sente uns passos
Rápidos, breves, — volta-se: — Itajuba!
Grita; e os seus, medrosos, receando
A perigosa luz, os fogos matam.
Mas, no extremo clarão que eles soltaram,
Viu-se Itajuba com seu arco em punho,
Calculando a distância, a força e o tiro:
Era grande a distância, a força imensa..."

"E a raiva incrível", continua o chefe,
A antiga cicatriz sentindo abrir-se!

"Ficou-me o arco em dois nas mãos partido,
E a frecha vil caiu-me aos pés sem força".
E assim dizendo nos cerrados punhos
De novo pensativo a fronte oprime.

"Sim", tornava o cantor, "imenso e forte
Devera o arco ser, que entre nós todos
Só um achou, que lhe vergasse as pontas,
Quando Jaguar morreu! — partiu-se o arco!
Depois ouviu-se um grito, após ruído,
Que as águas fazem no tombar de um corpo;
Depois — silêncio e trevas..."

"Nessas trevas",
Replicava Itajuba, — "inteira a noite,
Louco vaguei, corri de encontro às rochas,
Meu corpo lacerei nos espinheiros,
Mordi sem tino a terra já cansado:
Soluçavam porém meus frouxos lábios
O nome dela tão querido, e o nome...
Aos vis Tupinambás nunca os eu veja,
Ou morra, antes de mim, meu nome e glória
Se os não hei de punir ao recordar-me
A aurora infausta que me trouxe aos olhos
O cadáver..." Parou, que a estreita gorja
Recusa aos cavos sons prestar acento.

"Descansa agora o pálido cadáver
(Continua o cantor) junto à corrente
Do regato, que volve areias de ouro.
Ali agrestes flores lhe matizam
O modesto sepulcro, — aves canoras
Descantam tristes nênias ao compasso
Das águas, que também nênias soluçam.

Suspirada Coema, em paz descansa

No teu florido e fúnebre jazigo;
Mas quando a noite dominar no espaço,
Quando a lua coar úmidos raios
Por entre as densas, buliçosas ramas,
Da cândida neblina veste as formas,
E vem no bosque suspirar com a brisa:
Ao guerreiro, que dorme, inspira sonhos,
E à virgem, que adormece, amor inspira".

Calou-se; o maracá rugiu de novo
A extrema vez, e jaz emudecido.
Mas no remanso do silêncio e trevas,
Como débil vagido, escutarias
Queixosa voz, que repetia em sonhos:
"Veste, Coema, as formas da neblina,
Ou vem nos raios trêmulos da lua
Cantar, viver e suspirar comigo".

*

Ogib, o velho, pai do aventureiro
Jatir, não dorme nos vazios tetos:
Do filho ausente prendem-no cuidados;
Vela cansado e triste o pai coitado,
Lembrando-se desastres que passaram
Impróvidos, no bosque pernoitando,
E vela, — e a mente aflita mais se enluta,
Quanto mais cresce a noite e as trevas crescem!

Já tarde, sente uns passos apressados,
Medindo a taba escura; o velho treme,
Estende a mão convulsa, e roça um corpo
Molhado e tiritante: a voz lhe falta...
Atende largo espaço, até que escuta
A voz do sempre aflito Piaíba,
Ao pé do fogo extinto lastimar-se:

"O louco Piaíba, a noite inteira,
Andou nas matas; miserando sofre;
O corpo tem aberto em fundas chagas,
E o orvalho gotejou fogo sobre elas:
Como o verme na fruta, um Deus maligno
Lhe mora na cabeça, oh! quanto sofre!

Enquanto o velho Ogib está dormindo
Vou-me aquecer;
O fogo é bom, o fogo aquece muito;
Tira o sofrer.
Enquanto o velho dorme, não me expulsa
De ao pé do lar;
Dou-lhe a mensagem, que me deu a morte,
Quando acordar!
Eu vi a morte; vi-a bem de perto
Em hora má!
Vi-a de perto, não me quis consigo
Por ser tão má.
Só não tem coração, dizem os velhos,
E é bem de ver;
Que, se o tivera, me daria a morte,
Que é meu querer.
Não quis matar-me; mas é bem formosa;
Eu vi-a bem:
É como a virgem, que não tem amores,
Nem ódios tem.
O fogo é bom, o fogo aquece muito,
Quero-lhe bem!"

Remexe, assim dizendo, as frias cinzas
E mais e mais conchega-se ao borralho.
O velho entanto, erguido a meio corpo
Na rede, escuta pávido, e tirita
De frio e medo, — quase igual delírio
Castiga-lhe as ideias transtornadas.

"Já me não lembra o que me disse a morte!...
Ah! sim, já sei!
— Junto ao sepulcro da fiel Coema,
Ali serei:
Ogib emprazo, que a falar me venha
Ao anoitecer! —
O velho Ogib há de ficar contente
Com o meu dizer;
Talvez que o velho, que viveu já muito,
Queira morrer!"

Emudeceu: alfim tornou mais brando:

"Mas dizem que a morte procura mancebos,
Porém tal não é;
Que colhe as florinhas abertas de fresco
E os frutos no pé?!...
Não, não, que só ama sem folhas as flores,
E sem perfeição;
E os frutos perdidos, que apanha, gulosa,
Caídos no chão.

Também me não lembra que tempo hei vivido,
Nem por que razão
Da morte me queixo, que vejo, e não vê-me,
Tão sem compaixão".

As ânsias não vencendo, que o soçobram,
Salta da curva rede Ogib aflito;
Trêmulo as trevas apalpando, topa,
E roja miserando aos pés do louco.

"Oh! Dize-me, se a viste, e se em tua alma
Algum sentir humano inda se aninha,
Jatir, que é feito dele? Disse a morte
Haver-me cobiçado o moço imberbe,

A cara luz dos meus cansados olhos?
Oh, dize-o! Assim o espírito inimigo
Folgados anos respirar te deixe!”

O louco ouviu nas trevas os soluços
Do velho, mas seus olhos nada alcançam.
Pasma, e de novo o seu cantar começa:
“Enquanto o velho dorme, não me expulsa
De ao pé do lar”.

— “Mas expulsei-te eu nunca?”
Tornava Ogib a desfazer-se em pranto,
Em ânsias de transido desespero.
“Bem sei que um Deus te mora dentro da alma;
E nunca houvera Ogib de espancar-te
Do lar, onde Tupã é venerado.
Mas fala! oh! fala, uma só vez repete-o:
Vagaste à noite nas sombrias matas...”

“Silêncio!” brada o louco: “não escutas?!”
E para, como ouvindo uns sons longínquos.
Depois prossegue: “Piaíba o louco
Errou de noite nas sombrias matas;
O corpo tem aberto em fundas chagas,
E o orvalho gotejou fogo sobre elas.
Geme e sofre e sente fome e frio,
Nem há quem de seus males se condoa.
Oh! Tenho frio! O fogo é bom, e aquece,
Quero-lhe bem!”

“Tupã, que tudo podes”,
Orava Ogib em lágrimas desfeito,
“A vida inútil do cansado velho
Toma, se a queres; mas que eu veja em vida
Meu filho, e só depois me colha a morte”.

Canto terceiro

Era a hora em que a flor balança o cálix
Aos doces beijos da serena brisa,
Quando a ema soberba alteia o colo,
Roçando apenas o matiz relvoso;
Quando o sol vem dourando os altos montes,
E as ledas aves à porfia trinam,
E a verde coma dos frondosos cerros
Move o perfume, que embalsama os ares;
Quando a corrente meio oculta soa
De sob o denso véu da parda névoa;
Quando nos panos das mais brancas nuvens
Desenha a aurora melindrosos quadros
Gentis orlados com listões de fogo;
Quando o vivo carmim do esbelto cacto
Refulge a medo abrilhantado esmalte,
Doce poeira de aljofradas gotas,
Ou pó sutil de pérolas desfeitas.

Era a hora gentil, filha de amores,
Era o nascer do sol, libando as meigas,
Risonhas faces da luzente aurora!
Era o canto e o perfume, a luz e a vida,
Uma só coisa e muitas, — melhor face
Da sempre vária e bela natureza:
Um quadro antigo, que já vimos todos,
Que todos com prazer vemos de novo.

Ama o filho do bosque contemplar-te,
Risonha aurora, — ama acordar contigo;
Ama espreitar nos céus a luz que nasce,
Ou rósea ou branca, já carmim, já fogo,
Já tímidos reflexos, já torrentes
De luz, que fere oblíqua os altos cimos.
Amavam contemplar-te os de Itajuba

Impávidos guerreiros, quando as tabas
Imensas, que Jaguar fundou primeiro
Cresciam, como crescem gigantescos
Cedros nas matas, prolongando a sombra
Longe nos vales, — e na copa excelsa
Do sol estivo os abrasados raios
Parando em vasto leito de esmeraldas.

As três formosas tabas de Itajuba
Já foram como os cedros gigantescos
Da corrente empedrada: hoje acamados
Fósseis que dormem sob a térrea crusta,
Que os homens e as nações por fim sepultam
No bojo imenso! — Chame-lhe progresso
Quando do extermínio secular se ufana;
Eu modesto cantor do povo extinto
Chorarei nos vastíssimos sepulcros,
Que vão do mar aos Andes, e do Prata
Ao largo e doce mar das Amazonas.
Ali me sentarei meditabundo
Em sítio, onde não ouçam meus ouvidos
Os sons frequentes de europeus machados
Por mãos de escravos afros manejados;
Nem veja as matas arrasar, e os troncos,
Donde chorando a preciosa goma,
Resina virtuosa e grato incenso
A nossa incúria grande eterno asselam;
Em sítio onde os meus olhos não descubram
Triste arremedo de longínquas terras.
Aos crimes das nações Deus não perdoa;
Do pai aos filhos e do filho aos netos,
porque um deles de todo apague a culpa,
Virá correndo a maldição — contínua,
Como fuzis de uma cadeia eterna.
Virão nas nossas festas mais solenes
Miríadas de sombras miserandas,

Escarnecendo, secar o nosso orgulho
De nação; mas nação que tem por base
Os frios ossos da nação senhora,
E por cimento a cinza profanada
Dos mortos, amassada aos pés dos escravos.
Não me deslumbra a luz da velha Europa;
Há de apagar-se, mas que a inunde agora;
E nós!... sucamos leite mau na infância,
Foi corrompido o ar que respiramos,
Havemos de acabar talvez primeiro.

América infeliz! — que bem sabia,
Quem te criou tão bela e tão sozinha,
Dos teus destinos maus! Grande e sublime
Corres de polo e polo entre dois mares
Máximos do globo: anos da infância
Contavas tu por séculos! Que vida
Não fora a tua na sazão das flores!
Que majestosos frutos, na velhice,
Não deras tu, filha melhor do Eterno;
América infeliz, já tão ditosa
Antes que o mar e os ventos não trouxessem
A nós o ferro e os cascavéis da Europa?!
Velho tutor e avaro cobiçou-te,
desvalida pupila, a herança pingue
E o brilho e os dotes da sem par beleza!
Cedeste, fraca; e entrelaçaste os anos
Da mocidade em flor — às cãs e à vida
Do velho, que já pende e já declina
Do leito conjugal imerecido
À campa, onde talvez cuida encontrar-te!

Tu, filho de Jaguar, guerreiro ilustre,
E os teus, de que então vos ocupáveis,
Quando nos vossos mares alinhadas
As naus de Holanda, os galeões de Espanha,

As fragatas de França, e as caravelas
E portuguesas naus se abalroavam,
Retalhando entre si vosso domínio,
Qual se vosso não fora? Ardia o prélio,
Fervia o mar em fogo à meia-noite,
Pergunta: "Foi o espírito convosco,
O espírito da força, e os ledos sonhos,
Ministros de Tupã, núncios da glória?"
— Sim, foram, lhe respondem, ledos sonhos,
Correios de Tupã; mas o mais claro,
É duro nó que o piaga só desata.
"Dizei-os pois que vos escuta o piaga".
Disse, e maneja o maracá: das bocas
Do mistério divino, em puros flocos
De neve, o fumo em borbotões golfeja.

Diz um que, divagando em matas virgens,
Sentira a luz fugir-lhe de repente
Dos olhos, — se não foi que a natureza,
Por mágico feitiço transtornada.
Vestia por si mesma novas galas
E aspectos novos, — nem as elegantes,
Viçosas trepadeiras, nem as redes
Agrestes do cipó já divisava.
Em lugar da floresta, uma clareira
Relvosa descobria, em vez das árvores
Tão altas, de que havia pouco o bosque
Parecia ufanar-se, — um tronco apenas,
Mas tronco tal que os resumia a todos.

Ali sozinho o tronco agigantado
Luxuriava em folhas verde-negras,
Em flores cor de sangue, e na abundância
Dos frutos, como nunca os viu nas matas;
Tão alvos como a flor do mamãozeiro,
De macia penugem debruados.

"Extático de os ver ali tão belos,
Tais frutos, que eu algures nunca vira",
O bárbaro dizia, "fui colhendo
O melhor, porque o visse de mais perto.
Pesar de não saber se era salubre,
Ansiava gostá-lo, e em dura lida
Lutava o meu desejo com a prudência.
Venceu aquele! ai não vencesse nunca!
Nunca, ludíbrio vão dos meus desejos,
Mordessem-no meus lábios ressequidos.
Contá-lo me arrepia! — Mal o toco,
Força-me a rejeitá-lo um quê de oculto,
Que os nervos me estremece: a causa inquiro...
Eis que uma cobra, uma coral, de dentro
Desdobra o corpo lúbrico, e em três voltas,
Mal grata armila, me circunda o braço.
Da vista e do contato horrorizado,
Sacudo o estranho ornato; em vão me agito:
Com quanto mais afã tento livrar-me,
Mais apertado o sinto. — Nisto acordo,
Úmido o corpo e fatigado, e a mente
Molesta ainda do combate inglório.
O que é, não sei; tu sabes tudo, ó piaga:
Há talvez razão que eu não alcanço,
Que certo isto não é sonhar batalhas".

"Haja sentido oculto no teu sonho,
(Diz ao guerreiro o piaga) eu, que levanto
O véu do tempo, e aos mortais o mostro,
Dir-te-ei por certo; mas eu creio e tenho
Que algum gênio turbou-te a fantasia,
Talvez anguera de traidor Gamela;
Que os Gamelas são pérfidos em morte,
Como em vida". — "Assim é", diz Itajuba.

Outro sonhou com caçadas abundantes,

Temíveis caititus, pacas ligeiras,
Coatis e jabotins, — té onça é tigres,
Tudo em rimas, em feixes; outro em sonhos
Nada disto enxergou; porém cardumes
De peixes vários, que o timbó[18] prestante
Trazia quase à mão, se não fechados
Em mondés[19] espaçosos! — gáudio imenso!
De os ver ali raivando na estacada
Tão grandes serubins,[20] trauíras[21] tantas,
Ou bolando sem tino à flor das águas![22]

Outros não viram nem mondés, nem peixes,
Nem aves, nem quadrúpedes; mas grandes
Camotins[23] transbordando argêntea espuma
Do fervente cauim; e por três noites
Girar em roda a taça do banquete,
Enquanto cada qual memora em cantos
Os feitos próprios: reina o guaú,[24] que passa
Destes àqueles com cadência alterna.

O piaga exulta! "Eu vos auguro, ó bravos
do herói Timbira (clama entusiasta)
Leda vitória! Nunca em nossas tabas
Haverá de correr melhor folgança,
Nem ganhareis jamais honra tamanha.
Bem sabeis como é de uso entre os que vencem

---

[18] Planta que induz efeito narcótico nos peixes.

[19] Armadilha de caça.

[20] Surubins.

[21] Traíras.

[22] Os peixes, por efeito do timbó, ficam boiando na água e podem ser apanhados com a mão.

[23] Pote de barro que servia de urna funerária; igaçaba.

[24] Canto chorado dos índios, quando recebiam e hospedavam o estrangeiro; também uma dança indígena.

Festejar o triunfo: o canto e a dança
Marcham de par, — banquetes se preparam,
E a glória da nação mais alta brilha!
Oh! nunca sobre as tabas de Itajuba
Haverá de nascer mais grata aurora!"

Soam festivos gritos, e as pocemas
Dos guerreiros, que sôfregos escutam
Do piaga os ditos, e o feliz augúrio
Da próxima vitória. Não dissera,
Quem quer que fosse estranho aos usos deles,
Senão que por aquela densa pinha
De vulgo, se espalhara a fausta nova
De gloriosa ação já consumada,
Que os seus, validos da vitória, obraram.

Entanto Japeguá posto de parte,
Enquanto lavra em todos o contágio
Da glória e do prazer, — bem claro mostra
No rosto descontente o que medita.
"Prazer que em altos gritos se propala",
discorre lá consigo o Americano,
"É como a chama rápida correndo
Nas folhas da pindoba:[25] é falso e breve!"

Atenta nele o chefe dos Timbiras,
Como que interno, igual pressentimento
Rejeita, seu malgrado, a voz do piaga.
"Que pensa Japeguá? Acaso em sonhos
Tremendo e torvo se lhe antolha o êxito
Da batalha? ou seja, ou não conosco,
Que tarda em nos dizer seu pensamento?"

---

[25] Espécie de palmeira.

"Eu vi", diz Japeguá (e assim dizendo,
Sacode vezes três a fronte adusta,
Onde gravara da prudência o selo
Contínuo meditar). "Vi altos combros
De mortos já polutos, — vi lagoas
Brutas de sangue impuro e negrejante;
Vi setas e carcaz despedaçados,
Tacapes adentados, ou partidos
Ou já sem fio! vi..." Eis Catucaba
Malsofrido intervém, interrompendo
A narração do sonhador de males.
Bravo e ardido como é, nunca a prudência
Lhe foi virtude, nem por tal a aceita.
Nunca o membi guerreiro em seus ouvidos
Troou medonho, inóspito combate,
Que às armas não corresse o valeroso,
Intrépido soldado; mais que tudo
Amava a luta, o sangue, vascas, transes,
Convulsos arrepios, altos gritos
Do vencedor, imprecações sumidas
Do que, vencido, jaz no pó sem glória.
Sim, ama e quer o tráfego das armas
Talvez melhor que a si; nem mais risonha
Imagem se lhe antolha, nem há coisa
Que tenha em mais apreço ou mais cobice.
O perigo mesmo, o leite dos combates,
(Cauim das almas fortes o chamava)
Era sorte e condão que o eletrizava:
Um perigo que aventasse era feitiço,
Que em delírio de febre o transtornava.
Fanático de si, ébrio de glória,
Lá se arrojava intrépido e brioso,
Onde pior, onde mais negro o via.

Não eram dois na esquadra de Itajuba
De gênios em mais pontos encontrados:

Por isso em luta sempre. Catucaba,
Fragueiro, inquieto, sempre aventuroso,
Em cata de mais glória e mais renome,
Sempre à mira de encontros arriscados,
Sempre o arco à mão, sempre embebida
Na corda tesa a frecha equilibrada,
Ninguém mais solto em vozes, mais galhardo
No guerreiro desplante, ou que mostrasse
Atrevido e soberbo e forte em campo
Quer pujança maior, quer mais orgulho.

Japeguá, corajoso, mas prudente,
Evitava o conflito; via o risco,
Media o seu poder e as posses dele
E o azar da luta e descansava em ócio.
Sua própria indolência revelava
Ânimo grande e não vulgar coragem.
Se fosse lá nos páramos da Líbia,
Deitado à sombra da árvore gigante
O leão da Numídia bem pudera
Trilhar por junto dele os movediços
Combros de areia, — amedrontando os ares
Com aquele bramir agreste e rudo,
Que as feras sem terror ouvir não sabem;
O índio ouvira impávido o rugido,
Sem que o terror lhe destinguisse as faces;
E ao rei dos animais voltando o rosto,
Somente porque mais a jeito o visse,
Viram ambos, sombrios, majestosos,
Contemplarem-se a espaço, destemidos;
De estranheza o leão os seus rugidos
Na gorja sufocar, e a nobre cauda,
Entre medos e assomos de ardimento,
Mover de leve e irresoluto aos ventos!

Um — era a luz fugaz fácil prendida

Nas plumas do algodão: luz que deslumbra
E que em breve amortece; outro — faísca,
Que, surda, pouco a pouco vai lavrando
Não vista e não sentida té que surge
Dum jato só, tornada incêndio e fumo.

"Que viste", diz-lhe o êmulo brioso,
"Só coalheiras de sangue inficionado,
Só tacapes e setas bipartidas,
E corpos já corruptos?! Eia, ó fraco,
Embora em ócio ignavo aqui descanses.
E nos misteres feminis te adestres!
Ninguém te chama à vida dos combates,
Não te almeja ninguém por companheiro,
Nem há de o sonho teu acobardar-nos.
É certo que haverá mortos sem conto.
Mas não seremos nós; — setas partidas,
As nossas, não; tacapes amolgados...
Mas os nossos verás mais bem talhantes,
Quando houverem partido imigos crânios".

"Herói, não em façanhas, mas nos ditos,
Lidador que a vileza d'alma encobres
Com frases descorteses, — já te viram,
Pendentes braço e armas, contemplando
Os feitos meus, pesar que sou cobarde.
Essa infame tarefa que me incumbes,
É minha, sim; mas por diverso modo:
Não ministro cauim às vossas festas;
Mas na refrega o meu trabalho é vosso.
Da batalha no campo achais defuntos,
Vossa glória e brasão, corpos sem conto,
Cujas fendas largas e profundas,
De largas e profundas, denunciam
A mão que as sói fazer com tanto efeito.
Não tenho espaço, onde recolha os ossos,

Não tenho cinto, onde pendure os crânios,
Nem colar onde caibam tantos dentes,
De quantos venci já; por isso inteiros
Lá vo-los deixo, heróis; e vós lá ides,
Em que me não queirais por companheiro,
Rivais dos urubus, fortes guerreiros,
Fácil triunfo conquistar nas trevas,
Aos vorazes tatus roubando a presa".

Calou-se... e o vulgo rosna em torno de ambos,
Deste ou daquele herói tomando as partes.
"Pois quê?... há de ficar tamanha afronta
Impune, e não haveis levar das armas,
Por que o sangue a desbote e apague inteira?"

Diziam, — e a tais ditos mais fermenta
A raiva em ambos; fazem-lhes terreiro,
Já verga o arco, já se entesa a corda,
Já batem pés no solo pulvurento:
Correra o sangue de um, talvez o de ambos,
Que sobre os dois a morte abrira as asas!

"Silêncio!" brada o chefe dos Timbiras,
Interposto severo em meio a ambos;
De um lado e outro a turba circunfusa
Emudece, — divide-se largo espaço,
De cujo centro gira os torvos olhos
O herói, e só de olhar lhe estende as raias.
Assim de altivo píncaro descamba
Enorme rocha, obstruindo o leito
De um rio caudaloso: as fundas águas,
Latindo em vão na rocha volumosa,
Separam-se, cavando novos leitos,
Enquanto o antigo se resseca e abrasa.

"Silêncio", disse; e em torno os olhos gira,

Fúlgidos, negros: orgulhosas frontes,
Que aos golpes do tacape não se dobram,
Em torno sobre o peito vão caindo
Uma após outra; altivo um só apenas
Rebelde arrosta o olhar! — rápido golpe,
Rápido e forte, como o raio, o prostra
Na arena em sangue! Mosqueado tigre,
Se cai no meio de preás medrosos,
Talvez no primo impulso algum aferra;
Mas vê que foge a turba espavorida,
Vulgacho imbele! — ao mísero que prende
E torce ainda nas compridas garras,
Longe, sem vida, desdenhoso o arroja.

Assim o herói. Por longo tempo mudo,
Soberbo e grande alfim mostrando o rio,
Quedou sem mais dizer; o rio ao longe
As águas, como sempre, majestosas
Na gorja das montanhas derramava,
Caudal imenso. "Trás daqueles montes",
Diz Itajuba, "não sabeis quem seja?
Afronta e nome vil haja o guerreiro,
Que ousa lutas ferir, travar discórdias,
Quando o imigo boré tão perto soa".

Acorre o piaga em meio do conflito:
"Prudência, ó filho de Jaguar", exclama;
"Nem mais sangue timbira se derrame,
Que já não basta por pagar-nos deste,
Que derramaste, quanto houver nas veias
Dos pérfidos Gamelas. O que ouviste,
Que o forte Japeguá diz ter sonhado,
Assela o que Tupã me está dizendo,
Cá dentro em mim nos decifrados sonhos,
Depois que os funestou propínquo sangue".

"Devoto piaga (Mojacá prossegue)
Que vida austera e penitente vives
Dos rochedos na lapa venerada,
Tu, dos gênios do Ibaque bem fadado,
Tu, face a face com Tupã praticas
E vês nos sonhos meus melhor que eu mesmo,
Escuta, e dize, ó venerando piaga,
(Benévolo Tupã teus ditos ouça)
Anguera mau turbou-te a fantasia,
Aflito Mojacá, teu sonho mente".

Palavras tais no índio circunspecto,
Cujos lábios em vão nunca se abriram;
Guerreiro, cujos sonhos nunca foram,
Nem mesmo em risco estreito, pavorosos;
No vulgo frio horror vão trescalando,
Que entre a crença do piaga, e a deferência
Devida a tanto herói flutua incerta.

"Eu vi", diz ele, "vi em taba imiga
Guerreiro, como vós, comado e hirsuto!
A corda estreita do cruento rito
Os rins lhe aperta: a dura tangapema[26]
Sobrestá-lhe fatal; cantos se entoam
E a turba dançatriz em torno gira.
Sonho não foi, que o vi, como vos vejo;
Mas não vos direi já quem fosse o triste!
Se vísseis, como eu vi, a fronte altiva,
O olhar soberbo, — aquela força grande,
Aquele riso desdenhoso e fundo...
Talvez um só, nenhum talvez se encontre,
Que seja para estar no passo horrendo
Tão seguro de si, tão descansado!"

[26] Tacape.

Acaso um tronco volumoso e tosco
De escamas fortes entre si travadas
Ali perto jazia. Ogib, o velho,
Pai do errante Jatir, ali sentou-se,
Ali triste pensava, até que o sonho
Do aflito Mojacá veio acordá-lo.
"Tupã! Que mal te fiz, que assim me colha
Do teu furor a sete envenenada?"
Com voz chorosa e trêmula clamava.
"Escuto os gabos que só cabem nele,
Vejo e conheço o costumado ornato
Do filho meu querido! isto que fora,
A quem tão infeliz como eu não fosse,
Ventura grande, me constringe o peito!
Conheço o filho meu no que disseste,
Guerreiro, como a flor pelo perfume,
Como o esposo conhece a grata esposa
Pelas usadas penas da arazoia,[27]
Que entre as folhas do bosque a espaços brilha.
Ai! nunca brilhe a flor, se hão de roê-la
Insetos; nunca vague a linda esposa
No bosque, se hão de as feras devorá-la!"

A dor que mostra o velho em todo o aspecto,
Nas vozes por soluços atalhadas,
Nas lágrimas que chora, os move a todos
A triste compaixão; mas mais àquele
Que, antes do pobre pai, já todo angústias,
Da própria narração se enternecia.
Às querelas de Ogib volta o rosto
O fatal sonhador, — que, seu malgrado,
As setas da aflição tendo cravado
Nas entranhas de um pai, quer logo o suco,

[27] Saiote de penas usado pelas mulheres indígenas.

Fresco e saudável, do louvor, na chaga
Verter-lhe, donde o sangue em jorros salta.

"Tal era, tão impávido (prossegue,
Fitando o velho Ogib) o seu desplante,
Qual foi o de Jatir naquele dia,
Quando, novel nas artes do guerreiro,
Circundado se viu à nossa vista
De imiga multidão: todos o vimos;
Todos da clara estirpe deslembrados,
Clamamos tristes, pávidos: — É morto!
Ele porém que o arco usar não pode,
O válido tacape desprendendo,
Sacode-o, vibra-o; fere, prostra e mata
A este, àquele; e em volumosos feixes
Acerva a turba vil, lucrando um nome.
Tapir, caudilho seu, que não suporta
Que um homem só e quase inerme, o cubra
De tamanho labéu, altivo brada:
— Cede-me, estulto, cede ao meu tacape
Que nunca ameaçou ninguém debalde.
E assim dizendo vibra crebros golpes,
Com a bruta folha retalhando os ares!
Um couro de tapir, em vez de escudo,
Rijo e piloso lhe guardava os membros.
Jatir, do arco seu curvando as pontas,
Sacode a seta fina e sibilante,
Que vara o couro e o corpo e surge fora.
Tomba de chofre o índio, e o som da queda
Remata o som que a voz não rematara.
Vista a pele do tapir, que o resguardava,
Japi, mesmo Japi lhe inveja o tiro".

Todo campo se aflige, todos clamam:
"Jatir! Jatir! O forte entre os mais fortes".
Ordem não há; mulheres e meninos

Baralham-se em tropel: o pranto, os gritos
Confundem-se: do velho Ogib entanto
Mal se percebe a voz "Jatir" gritando.

Itajuba por fim silêncio impondo
À turba mulheril, e à dos guerreiros
Mesta batalha: "Consultemos", disse,
"Consultemos o piaga: às vezes pode
O santo velho, serenando o Ibaque
Amigo bom tornar o Deus malquisto".

"Mas ora não!" — responde o piaga iroso.
"Só quando ruge a negra tempestade,
Só quando a fúria de Anhangá fuzila
Raios do escuro céu na terra aflita
Do piaga vos lembrais? Tarda lembrança,
Tarda e fatal, guerreiros! Quantas vezes
Não fui, eu mesmo, nos terreiros vossos
Fincar o santo maracá? Debalde,
Debalde o fui, que à noite o achava sempre
Sem ofertas, que aos Deuses tanto prazem!
Nu e despido o vi, como ora o vedes.
(E assim dizendo mostra o sacrossanto
Mistério, que de irado pareceu-lhes
Soltar mais rouco som no seu rugido)
Quem de vós se lembrou que o santo piaga
Na lapa dos rochedos se mirrava
À pura míngua? Só Tupã, que ao velho
Deu não sentir os dentes aguçados
Da fome, que por dentro o remordia,
E mais cruel, passada entre os seus filhos!"

"Cegou-nos Anhangá", diz Itajuba,
"Fincado o maracá nos meus terreiros,
Cegou-nos certo! — nunca o vi sem honras!
Que se o vira, bom piaga... oh! não se diga

Que um homem só, dos meus, perece à míngua,
(Quem quer que seja, quanto mais um piaga)
Quando campeiam tantos homens d'arco
Nas tabas de Itajuba, — tantas donas
Na cultura dos campos adestradas.
Hoje mesmo farei que ao antro escuro
Caminhem tantos dons, tantas ofertas,
Que o seu santo mistério há de por força,
Quer o queiras, quer não, dormir sobre elas!"

"Talvez a rica oferenda aplaca os Deuses,
E saudável conselho a noite inspira!"
Disse e sem mais dizer se acolhe à gruta.

"À caça, ó meus guerreiros", brada o chefe:
"Ledas donzelas ao cauim se apliquem,
Os meninos à pesca, à roça as donas,
Eia!" — Ferve o labor, reina o tumulto,
Que quase tanto val como a alegria,
Ou antes, só prazer que o povo gosta.

Já deslembrados do que ausente choram,
(Favor das turbas que tão leve passas!)
Ledos no peito, ledos na aparência
Todos se incumbem da tarefa usada.

Trabalho no prazer, prazer que moras
Dentro de tanto afã! Festa que nasces
Sob auspícios tão maus, possa algum gênio,
Possa Tupã sorrir-te carinhoso,
E das alturas condoer-se amigo
Do triste, órfão de amor, e pai sem filho!

Canto quarto

Bem-vindo seja o fausto mensageiro,
O melífluo Timbira, cujos lábios
Destilam sons mais doces do que os favos,
Que errado caçador na brenha inculta
Porventura topou! Hóspede amigo,
Ledo núncio de paz, que o território
Pisou de imigas hostes, quando a aurora
Despontava nos céus — bem-vindo seja!
Não luz mais brando e grato o romper da alva
Que o teu sereno aspecto; nem mais doce
A fresca brisa da manhã cicia
Pela selvosa encosta, que a mensagem
Que o chefe imigo e fero anseia ouvir-te.
Melífluo Jurucei, bem-vindo sejas
Dos Gamelas ao chefe, Gurupema,
Senhor dos arcos, quebrador de setas,
Das selvas rei, filho de Icrá valente.

Assim consigo as hostes do Gamela:
Consigo só, que a usada gravidade
Já na garganta, a voz lhes retardava.
Não veio Jurucei? Posto de fronte,
Arco e frecha na mão feito pedaços,
Certo sinal do respeitoso encargo,
Por terra não lançou? — Que pois augura
Tal vinda, a não ser que o audaz Timbira
Melhor conselho toma; e porventura
De Gurupema receando as forças,
Amiga paz lhe oferece, e em sinal dela
Do vencido Gamela o corpo entrega?!
Em bem! Que a torva sombra vagarosa
Do outrora chefe seu há de aplacar-se,
Ouvindo a mesta voz das carpideiras,
E vendo no sarcófago depostas

As armas, que no Ibaque hão de servir-lhe,
E junto ao corpo, que foi seu, as plumas,
Enquanto vivo, insígnias de mando.
Embora ostente o chefe dos Timbiras
O ganhado troféu; embora à cinta
Ufano prenda o gadelhudo crânio,
Aberto em coroa, do infeliz Gamela.
Embora; mas porém amigas quedem
Do Timbira e Gamela as grandes tabas,
E largo em roda na floresta imperem,
Que o mundo em peso, unidas, afrontaram!

Nascia a aurora: do Gamela as hostes
Em pé, na praia, o mensageiro aguardam
Sisudos, graves. Um caudal regato,
Cujo branco areal a prata imita,
Sereno ali volvia as mansas águas,
Como que triste de as levar ao rio,
Que ao mar conduz a rápida torrente
Por entre a selva umbrosa e broncas penhas.
Esta a praia! — em redor troncos gigantes
Que a folhagem no rio debruçavam,
Onde beber frescor os galhos vinham,
Luxuriando em viço! — penduradas
Trepadeiras gentis da coma excelsa,
Estrelando do bosque o verde manto
Aqui, ali, de flores cintilantes,
Meneavam-se ao vento, como fitas,
De que se enastra a coma a virgem bela.
Era um prado, uma várzea, um tabuleiro
Com mimoso tapiz de várias flores,
Agrestes, sim, mas belas. Gênio amigo
Chegou-lhe só a mágica vergasta!
Ei-las a prumo ao longo da corrente
Com requebros louçãos a enamorá-la.

A nós de embira aos troncos amarradas
Quase igaras sem conto figuravam
Ousada ponte no correr das águas
Por força mais que humana trabalhada.

Vê-as e pasma Jurucei, notando
O imigo poderio, e seu malgrado
Vai lá consigo mesmo discorrendo:
"Muitos e fortes são nossos guerreiros;
Muitos, certo, e as nossas tabas fortes,
Itajuba invencível; mas da guerra
É sempre incerto o azar e sempre vário!
E... quem sabe? talvez... mas nunca, oh! nunca!
Itajuba! Itajuba! — onde há no mundo
Posses que valham contrastar seu nome?
Onde a seta que valha derribá-lo,
E a tribo ou povo que os Timbiras vençam?!"

Entre as hostes que a si tinha fronteiras
Penetra! — tão galhardo era o seu gesto,
Tão sereno e guerreiro o seu desplante,
Que os Gamelas em si também disseram:
— "Missão de paz o traga, que se os outros
São tão feros assim, Tupã nos valha,
Sim, Tupã; que o não pode o rei das selvas".

Hospedagem sincera entanto oferecem
A quem talvez não tardará buscá-los
Com fina seta no leal combate.
Às igaras o levam pressurosos,
Servem-lhe o piraquém[28] na guerra usado,
E os loiros dons do colmeal agreste;
Servem-lhe amigos suculento pasto

[28] Espécie de coco.

Em banquete frugal; servem-lhe taças
(A ver se mais que a fome o instiga a sede)
De espumoso cauim, — taças pesadas
Na funda noz da sapucaia abertas.
Sem temor o timbira vai provando
O mel, o piraquém, as iguarias;
Mas dos vinhos coíbe-se prudente.

Em remoto lugar forma conselho
O rei das selvas, Gurupema, enquanto
Restaura o mensageiro os lassos membros.
Chama primeira Caba-oçu valente;
As ríspidas melenas corredias
Cortam-lhe o rosto, — pendem-lhe nas costas,
Hirtas e lisas, como o junco em feixes
Acamados no leito ressequido
De invernosa corrente. O rosto feio
Aqui, ali, negreja manchas negras
Como da bananeira a larga folha,
Colhida ao romper d'alva, que uma virgem
Nas mãos lascivas machucou brincando.

Valente é Caba-oçu; mas sem piedade!
Como sedenta fera almeja sangue
E de malvada ação cruel se paga.
Apresou em combate um seu contrário,
Que mais imigo tinha entre os imigos:
Da guerra os duros vínculos lançou-lhe
E a terreiro o chamou, como é de usança
Para o triunfo bélico adornado.
Fizeram-lhe terreiro os mais de em torno:
Ele do sacrifício empunha a maça,
Impropérios assaca, vibra o golpe,
E antes que tombe o corpo, aferra os dentes
No crânio fulminado: jorra o sangue
No rosto, e em gorgolhões se expande ao cérebro,

Que a fera humana rábida mastiga!
E enquanto limpa à desgrenhada coma
Do sevo pasto o esquálido sobejo,
Bárbaras hostes do Gamela torcem,
A tanto horror, o transtornado rosto.

Vem Jepiaba, o forte entre os mais fortes,
Taiatu, Taiatinga, Nupançaba,
Tucura o ágil, Cravatá sombrio,
Andira, o sonhador de agouros tristes,
Que ele é primeiro a desmentir com as armas,
Pirera que jamais foi vencido,
Itapeba, rival de Gurupema,
Oquena, que por si vale mil arcos,
Escudo e defensão dos seus que ampara;
E outros, e muitos outros, cuja morte
Não foi sem glória no cantar dos bardos.

"Guerreiros!" Gurupema assim começa,
"Antes de ouvir o mensageiro estranho
Consultar-vos me é força; a nós incumbe
Vingar do rei da selva a morte indigna.
Do que morreu, em que lhe seja eu filho,
Estende-se o desar sobre nós todos,
E a todos nós da gloriosa herança
Compete o desagravo. Se nos busca
O filho de Jaguar, é que nos teme;
A nossa fúria porventura intenta
Voltar a mais amigo sentimento.
Talvez do vosso chefe o corpo e as armas
Com larga pompa nos envia agora.
Basta-vos isto?"

Guerra! Guerra! Exclamam.

"Notai porém quanto é pujante o chefe

Que os Timbiras dirige. Sempre, o segue
Fácil vitória, e mesmo antes da luta
As galas triunfais dispõe seguro".

"Embora", dizem uns; outros murmuram,
Que de tão grande herói, qualquer que seja
A oferta expiatória, em bem, se aceite.
Outros porém, e a maior parte, incertos
Vacilam no conselho. A injúria é grande,
Bem fundo a sentem, mas bem grande é o risco.

"Se o orgulho desce a ponto no Timbira,
Que pazes nos propõe", diz Itapeba
Com dura voz e cavernoso acento,
"Já está vencido! Alguém pensa o contrário,
(E com despeito a Gurupema encara)
Alguém, não eu! Se havemos de barato
Dar-lhe a vitória, humildes aceitando
O triste câmbio (a ideia só me irrita)
De um morto por um arco tão valente,
Aqui as armas vis faço pedaços
Em breve trato, e vou-me a ter com esse,
Que sabe leis ditar, mesmo vencido!"

Como tormenta, que rouqueja ao longe
E som confuso espalha em surdos ecos;
Como rápida frecha corta os ares,
Já perto soa, já mais perto brame,
Já sobranceira enfim roncando estala:
Nasce fraco rumor que logo cresce,
Avulta, ruge, horríssono ribomba.
Oquena! Oquena! O herói nunca vencido,
Com voz troante e procelosa exclama,
Dominando o rumor, que longe ecoa:

"Fujam tímidas aves aos lampejos

Do raio abrasador, — medrosas fujam!
Mas não será que o herói se acanhe ao vê-los!
Itapeba, só nós somos guerreiros;
Só nós, que a olhos nus fitando o raio,
Da glória a senda estreita a par trilhamos.
Tens em mim quanto sou e quanto valho,
Armas e braço enfim!"

Eis rompe a densa
Turba que já dá em torno de Itapeba
Formidável barreira alevantava.

Quadro pasmoso! Os dois de mãos travadas,
Sereno o aspecto, plácido o semblante,
À fúria popular se apresentavam
De constância e valor somente armados.
Eram escolhos gêmeos, empinados,
Que a fúria de um vulcão ergueu nos mares.
Eterno ali serão com os pés no abismo,
Com os negros cimos devassando as nuvens,
Se outra força maior os não afunda.
Ruge embalde o tufão, embalde as vagas
Do fundo pego à flor do mar borbulham!

Estranha a turba, e pasma o desusado
Arrojo, que jamais assim não viram!
Mas mais que todos Caba-oçu valente
Enleva-se da ação que o maravilha;
E de nobre furor tomado e cheio,
Clama altivo: "Eu também serei convosco,
Eu também, que a só mercê vos peço
De haver às mãos o pérfido Timbira.
Seja, o que mais lhe apraz, invulnerável,
Que d'armas não careço por vencê-lo.
Aqui o tenho, — aqui comigo o aperto,
Estreitamente o aperto nestes braços,

(E os braços mostra e os peitos musculosos)
Há de medir a terra já vencido,
E orgulho e vida perderá com o sangue,
Arrã soprada, que um menino espoca!"

E bate o chão, e o pé na areia enterra,
Orgulhoso e robusto: o vulgo aplaude,
De prazer e rancor soltando gritos
Tão altos, tais, como se ali tivera
Aos pés, rendido e morto o herói Timbira.

Por entre os alvos dentes que branquejam,
Ri-se o prazer nos lábios do Gamela.
Ao rosto a cor lhe sobe, aos olhos chega
Fugaz clarão da raiva que aos Timbiras
Votou de há muito, e mais que tudo ao chefe,
Que o espólio paternal mostra vaidoso.

Com gesto senhoril silêncio impondo
Alegre aos três a mão calosa oferece,
Rompendo nestas vozes: "Desde quando
Cabe ao soldado pleitear combates
E ao chefe em ócio vil viver seguro?
Guerreiros sois, que os atos bem n'o provam;
Mas se vos não apraz ter-me por chefe,
Guerreiro também sou, e onde se ajuntam
Guerreiros, hão de haver lugar os bravos!
Serei convosco", — disse. E aos três se passa.

Soam batidos arcos, rompem gritos
Do festivo prazer, sobe de ponto
O ruidoso aplaudir. Só Itapeba,
Que ao seu rival deu azo de triunfo,
Mal satisfeito e quase irado rosna.

Um Tapuia, guerreiro adventício,

Filhado acaso à tribo dos Gamelas,
Pede atenção, — prestam-lhe ouvidos todos.
Estranho, é certo; porém longa vida
A velhice robusta lhe autoriza,
Muito há visto, sofreu muitos reveses,
Longas terras correu, aprendeu muito;
Mas quem é, donde vem, qual é seu nome?
Ninguém o sabe: ele o não disse nunca.
Que vida teve, a que nação pertence,
Que azar o trouxe à tribo dos Gamelas?
Ignora-se também. Nem mesmo o chefe
Perguntar-lho se atreve. É forte, é sábio,
É velho e experiente, o mais que importa?
Chamem-lhe o forasteiro, é quanto basta.
Se à caça os aconselha, a caça abunda;
Se à pesca, os rios cobrem-se de peixes;
Se à guerra, ai da nação que ele indigita!
Valem seus ditos mais que valem sonhos,
E acerta mais que os piagas nos conselhos.

"Mancebo (assim diz ele a Gurupema)
Já vi o que por vós não será visto,
Imensas tabas, bárbaros imigos,
Como nunca os vereis; andei já tanto,
Que o não fareis, andando a vida inteira!
Estranhos casos vi, chefes pujantes!
Tabira, o rei dos bravos Tobajaras,
Alquíndar, que talvez já não exista,
Iperu, Jepipó de Mambucada,
E Coniã, rei dos festins guerreiros;
E outros, e outros mais. Pois eu vos digo,
Ação, que eu saiba, de tão grandes Cabos,
Como a vossa não foi, — nem tal façanha
Fizeram nunca, e sei que foram grandes!
Itapeba entre os seus não encontrara,
Que não pagasse com seu sangue o arrojo

De tanto às claras pôr-se-lhes contrário.
Mas quem do humano sangue derramado
Porventura se peja? — em que lugares
A glória da peleja horror infunde?
Ninguém, nenhures, ou somente aonde,
Ou só aquele que já viu tingidas
Cruas vagas de sangue; e os turvos rios
Mortos por tributo ao mar volvendo.
Vi-as eu, inda novo; mas tal vista
Do humano sangue saciou-me a sede.
Ouvi-me, Gurupema, ouvi-me todos:
Da sua tentativa o rei das selvas
Teve por prêmio o lacrimoso evento;
E era chefe brioso e bom soldado!
Só não pôde sofrer que alguém dissesse
Haver outro maior tão perto dele!
A vaidade o cegou! ardida empresa
Cometeu, mas por si: de fora, e longe
Os seus o viram deslindar seu pleito.
Vencido foi... a vossa lei de guerra,
Bárbara, sim, mas lei, — dava ao Timbira
Usar, como ele usou, do seu triunfo.
A que pois fabricar novos combates?
Por que empreendê-los nós, quando mais justos
Os Timbiras talvez mover puderam?
Que vos importa a vós vencer batalhas?
Tendes rios piscosos, fundas matas,
Inúmeros guerreiros, tabas fortes;
Que mais vos é mister? Tupã é grande:
De um lado o mar se estende sem limites,
Pingues florestas de outro lado correm
Sem limites também. Quantas igaras,
Quantos arcos houvermos, nas florestas,
No mar, nos rios caberão às largas:
Por que então batalhar? porque insensatos,
Buscando o inútil, necessário aos outros,

Sangue e vida arriscar em néscias lutas?
Se o filho de Jaguar trazer-nos manda
Do chefe desditoso o frio corpo,
Aceite-se... se não... voltemos sempre,
Ou com ele, ou sem ele, às nossas tabas,
Às nossas tabas mudas, lacrimosas,
Que hão decerto enlutar nossos guerreiros,
Quer vencedores voltem, quer vencidos".

Do forasteiro, que tão solto fala
E tão livre argumenta, Gurupema
Pesa a prudente voz, e alfim responde:
"Tupã decidirá". — "Oh! não decide,
(Como consigo diz o forasteiro)
Não decide Tupã humanos casos,
Quando imprudente e cego o homem corre
De encontro ao fado seu; não valem sonhos,
Nem da prudência meditado aviso
Do atalho infausto a desviar-lhe os passos!"

O chefe dos Gamelas não responde;
Vai pensativo demandando a praia,
Onde o Timbira mensageiro o aguarda.

Reina o silêncio, sentam-se na arena
Jurucei, Gurupema e os mais com eles.
Amiga recepção, — ali não viras
Nem pompa oriental, nem galas ricas,
Nem armados salões, nem corte egrégia,
Nem régios paços, nem caçoilas fundas,
Onde a cheirosa goma se derrete.
Era tudo singelo, simples tudo,
Na carência do ornato — o grande, o belo.
Na própria singeleza a majestade.
Era a terra o palácio, as nuvens teto,
Colunatas os troncos gigantescos,

Balcões os montes, pavimento a relva,
Candelabros a lua, o sol e os astros.

Lá estão na branca areia descansados.
Como festiva taça num banquete,
O cachimbo da paz, correndo em roda,
De fumo adelgaçado cobre os ares.
Almejam, sim, ouvir o mensageiro,
E mudos são contudo: não dissera,
Quem quer que os visse ali tão descuidosos,
Que ardor inquieto e fundo os ansiava.

O forte Gurupema alfim começa
Após côngruo silêncio, em voz pausada:
"Saúde ao núncio do Timbira!" disse.
Tornou-lhe Jurucei: "Paz aos Gamelas,
Renome e glória ao chefe seu preclaro!"
— A que vens pois? Nós te escutamos: fala.
"Todos vós, que me ouvis, vistes boiantes,
À mercê da corrente, o arco e as setas
Feitas em pedaços, por mim mesmo inúteis".

"E de te ver folguei; mas quero eu mesmo
Ouvir dos lábios teus quanto imagino.
Acata-me Itajuba, e de medroso
Tenta poupar aos seus tristeza e luto?
A flor das tabas suas talvez manda
Trazer-me o corpo e as armas do Gamela,
Vencido, em mal, no desleal combate!
Pois seja, que talvez não queira eu sangue;
E do justo furor quebrando as setas...
Mas dize-o tu primeiro... Nada temas;
É sagrado entre nós guerreiro inerme,
E mais sagrado o mensageiro estranho".

Treme de pasmo e cólera o Timbira,

Ao ouvir tal discurso. — Mais surpreso
Não fica o pescador, que mariscando
Vai na maré vazante, quando avista
Envolto em lodo um tubarão na praia,
Que reputa sem vida; passa rente,
E com as malhas da rede acaso o açoita
E a desleixo: — feroz o monstro acorda,
E escancarando as fauces mostra nelas
Em sete filas alinhada a morte!
Tal ficou Jurucei, — não de receio,
Mas de surpresa atônito; — o contrário,
Que de o ver merencório não se agasta,
A que proponha o seu encargo o anima.

"Não ignavo temor a voz me embarga;
Emudeço de ver quão mal conheces
Do filho de Jaguar os altos brios!
Esta a mensagem que por mim vos manda:
Três grandes tabas, onde heróis pululam,
Tantos e mais que vós, tanto e mais bravos,
Caídas a seus pés a voz lhe escutam.
Não quer dos vossos derramar mais sangue:
Tigre cevado em carnes palpitantes,
Rejeita a fácil presa; nem o tenta
De perjuros haver troféus sem glória.
Enquanto pois a maça não sopesa,
Enquanto no carcás dormem-lhe as setas
Imóveis — atendei! — cortai no bosque
Troncos robustos e frondosas palmas
E novas tabas construí no campo,
Onde o corpo caiu do rei das selvas,
Onde empastado inda enrubesce a terra
Sangue daquele herói que vos infama!
Aquela briga enfim de dois, tamanhos,
Sinalai; porque estranho caminheiro
Amigas vendo e juntas nossas tabas,

E a fé que usais guardar, sabendo, exclame:
Vejo um povo de heróis, e um grande chefe!"

Enquanto escuta o mensageiro estranho,
Gurupema, talvez sem que o sentisse,
Vai pouco a pouco erguendo o corpo inteiro.
A baça cor do rosto é sempre a mesma,
O mesmo o aspecto, — a válida postura
A quem de longe o vê, somente indica
Vigor descomunal, e a gravidade
Que os próprios Índios por incrível notam.
Era uma estátua, exceto só nos olhos,
Que por entre as em vão caídas pálpebras
Clarão funéreo derramava em torno.

"Quero ver que valor mostras nas armas,
(Diz ao Timbira, que a resposta aguarda)
Tu que arrogante, em frases descorteses,
Guerra declaras, quando paz ofereces.
Quebraste o arco teu quando chegaste,
O meu te ofereço! O quebrador dos arcos
Nos dons por certo liberal se mostra,
Quando o seu arco oferece: julga e pasma!"

E o arco empunha! outro não foi como ele
Artífice de nome em seus lavores
Mais de um ano gastara em fabricá-lo.
As pontas levemente recurvadas
Cabeças de bicéfala serpente
Figuravam, — iguais no peso e na forma:
Melhor que nenhum outro equilibrado,
Lavrados os desenhos com tal arte,
Que sem tirar-lhe a força, mais flexível,
Mais pesado o tornavam com mais graça.

Do pejado carcás tira uma seta,

Na corda a ajeita, — o arco entesa e curva.
Atira, — soa a corda, a frecha voa
Com silvos de serpente. Sobre a copa
Duma árvore frondosa descansava
Há pouco um senembi,[29] — frechado agora
Despenha-se no rio, sopra iroso,
A cortante serrilha embora eriça,
Com a dura cauda embora açoita as águas:
A corrente o conduz, e em breve trato
O hastil da frecha sobrenada a prumo.

Pudera Jurucei, alçando o braço,
Poupar ação tão baixa àqueles bosques,
Onde os guerreiros de Itajuba imperam.
Imóvel, mudo contemplou no rio
De chofre o senembi cair frechado,
Lutar com a morte, ensanguentando as águas,
Desaparecer, — a voz por fim levanta.

"Ó rei das selvas, Gurupema, escuta:
Tu, que medroso em face de Itajuba
Não ousaras tocar o pó que o vento
Nas folhas dos seus bosques deposita;
Senhor das selvas, que de longe o insultas,
Porque me vês aqui sozinho e fraco,
Fraco e sem armas, onde armado imperas;
Senhor das selvas (que antes frecha acesa
Sobre os tetos houvesses arrojado,
Onde as mulheres tens e os filhos caros)
Nunca miraste um alvo mais funesto
Nem tiro mais fatal vibraste nunca.
Com lágrimas de sangue hás de chorá-lo,
Maldizendo o lugar, o ensejo, o dia,

[29] Camaleão, iguana.

O braço, a força, o ânimo, o conselho
Do delito infeliz que vai perder-te!
Eu, sozinho entre os teus que me rodeiam,
Sem armas, entre as armas que descubro,
Sem medo, entre os medrosos que me cercam,
Em tanta solidão seguro e ousado,
Rosto a rosto contigo, e no teu campo,
Digo-te, Gurupema, ó rei das selvas,
Que és vil, que és fraco!"

Sibilante frecha
Rompe da turbamulta e crava o braço
Do ousado Jurucei, que inda falava.

"É seguro entre vós guerreiro inerme,
E mais seguro o mensageiro estranho!"
Disse com riso mofador nos lábios.
"Aceito o arco, ó chefe, e a treda frecha,
Que vos hei de tornar, ultriz da ofensa
Infame, que Aimorés nunca sonharam!
Ide, correi, quem vos impede a marcha?
Vingai esta corrente, não mui longe
Os Timbiras estão! — Voltai da empresa
Com este feito heróico rematado;
Fugi, se vos apraz; fugi, cobardes!
Vida por gota pagareis meu sangue;
Por onde quer que fordes de fugida
Vai o fero Itajuba perseguir-vos
Por água ou terra, ou campos, ou florestas;
Tremei!..."

E como o raio em noite escura
Cegou, desapareceu! De timorato
Procura Gurupema o autor do crime,
E autor não lhe descobre; inquire... embalde!
Ninguém foi, ninguém sabe, e todos viram.

Outros poemas

Canção do exílio

Kennst du das Land, wo die Zitronen blühn,
Im dunkeln Laub die Goldorangen glühn?
Kennst du es wohl? — Dahin, dahin!
*Möcht' ich ziehn.**

GOETHE

Minha terra tem palmeiras,
Onde canta o Sabiá;
As aves, que aqui gorjeiam,
Não gorjeiam como lá.

Nosso céu tem mais estrelas,
Nossas várzeas têm mais flores,
Nossos bosques têm mais vida,
Nossa vida mais amores.

Em cismar, sozinho, à noite,
Mais prazer encontro eu lá;
Minha terra tem palmeiras,
Onde canta o Sabiá.

Minha terra tem primores,
Que tais não encontro eu cá;

---

* Conheces o país onde os limoeiros florescem,
E na folhagem escura os frutos dourados abrasam?
Tu o conheces? — Para lá, para lá,
Gostaria de ir...

Goethe: poeta alemão (1749-1832).

Em cismar — sozinho, à noite —
Mais prazer encontro eu lá;
Minha terra tem palmeiras,
Onde canta o Sabiá.

Não permita Deus que eu morra,
Sem que eu volte para lá;
Sem que desfrute os primores
Que não encontro por cá;
Sem que inda aviste as palmeiras,
Onde canta o Sabiá.

Coimbra, julho de 1841

[23] *Inda:* forma popular de *ainda*.

O canto do guerreiro

I

Aqui na floresta
Dos ventos batida,
Façanhas de bravos
Não geram escravos,
Que estimem a vida
Sem guerra e lidar.
— Ouvi-me, Guerreiros,
— Ouvi meu cantar.

II

Valente na guerra
Quem há, como eu sou?
Quem vibra o tacape
Com mais valentia?
Quem golpes daria
Fatais, como eu dou?

---

[11] *Tacape:* arma ofensiva, espécie de maça contundente, usada na guerra e nos sacrifícios. A etimologia dessa palavra indica que os índios os endureciam ao fogo, como costumavam fazer aos seus arcos: *Tatá pé* quer dizer "no fogo". (Nota do Autor.)

— Guerreiros, ouvi-me;
— Quem há, como eu sou?

III

Quem guia nos ares
A frecha implumada,
Ferindo uma presa,
Com tanta certeza,
Na altura arrojada
Onde eu a mandar?
— Guerreiros, ouvi-me,
— Ouvi meu cantar.

IV

Quem tantos imigos
Em guerras preou?
Quem canta seus feitos
Com mais energia?
Quem golpes daria
Fatais, como eu dou?
— Guerreiros, ouvi-me:
— Quem há, como eu sou?

V

Na caça, ou na lide,
Quem há que me afronte?!
A onça raivosa
Meus passos conhece,
O imigo estremece,

---

25 *Imigos:* forma desusada de inimigos.

33 *Lide:* o mesmo que lida.

E a ave medrosa
Se esconde no céu.
— Quem há mais valente,
— Mais destro do que eu?

VI

Se as matas estrujo
Com os sons do Boré,
Mil arcos se encurvam,
Mil setas lá voam,
Mil gritos reboam,
Mil homens de pé
Eis surgem, respondem
Aos sons do Boré!
— Quem é mais valente,
— Mais forte quem é?

VII

Lá vão pelas matas;
Não fazem ruído:
O vento gemendo
E as matas tremendo
E o triste carpido
Duma ave a cantar,
São eles — guerreiros,
Que faço avançar.

[43] *Boré:* instrumento músico de guerra: dá apenas algumas notas, porém mais ásperas, e talvez mais fortes que as da trompa. (Nota do Autor.)

VIII

E o Piaga se ruge
No seu Maracá,
A morte lá paira
Nos ares frechados,
Os campos juncados
De mortos são já:
Mil homens viveram,
Mil homens são lá.

IX

E então se de novo
Eu toco o Boré;
Qual fonte que salta
De rocha empinada,
Que vai marulhosa,
Fremente e queixosa,
Que a raiva apagada
De todo não é,
Tal eles se escoam
Aos sons do Boré.
— Guerreiros, dizei-me,
— Tão forte quem ê?

❖

---

[61] *Maracá:* entre os índios, o instrumento sagrado, como o saltério entre o hebreus, ou o órgão entre os cristãos; era uma cabaça crivada, cheia de pedra ou búzios, e atravessada por um hastil ornado de penas multicores, que lh servia de cabo. O antigo viajante Roloux Baro, testemunha da veneração qu os índios lhe tributavam, chamava-o *Le diable porté dans une calebasse,* “ diabo dentro duma cabaça”. — A esta palavra vão alguns modernos busca a etimologia da palavra “América”. (Nota do Autor.)

O canto do piaga*

I

Ó Guerreiros da Taba sagrada,
Ó Guerreiros da Tribo Tupi,
Falam Deuses nos cantos do Piaga,
Ó Guerreiros, meus cantos ouvi.

Esta noite — era a lua já morta —
Anhangá me vedava sonhar;
Eis na horrível caverna, que habito,
Rouca voz começou-me a chamar.

---

* *Piaga: Piagé, piaches, piayes;* os autores portugueses escreveram pagé (grafia atual: pajé), como em verdade ainda hoje se diz no Pará. Era ao mesmo tempo o sacerdote e o médico, o áugure e cantor dos indígenas do Brasil. (Nota do Autor.)

2 *Tupi:* não foram os Tupis os primeiros íncolas do Brasil? — Eis uma questão de raças bem difícil de ser resolvida, e que há de algum dia ocupar os sábios quando a investigação se tornar impossível. É opinião geralmente seguida que deles descendem todas as raças americanas dentre o Prata e o Amazonas. A generalidade do seu dialeto, o mais rico de todos, prova não só que eles eram os mais civilizados (devendo por consequência ser os mais antigos) como também que os outros índios provinham deles, porque vivendo incomunicáveis como tribos bárbaras, que eram, entendiam e falavam esse dialeto. Sendo verdadeira esta opinião, seriam os Tupis os judeus da América. (Nota do Autor.)

6 *Anhangá:* gênio do mal, o mesmo que Léry chama *Aignan* e Hans Staden *ngange*. (Nota do Autor.)

Abro os olhos, inquieto, medroso,
Manitôs! Que prodígios que vi!
Arde o pau da resina fumosa,
Não fui eu, não fui eu, que o acendi!

Eis rebenta a meus pés um fantasma,
Um fantasma de imensa extensão;
Liso crânio repousa a meu lado,
Feia cobra se enrosca no chão.

O meu sangue gelou-se nas veias,
Todo inteiro — ossos, carnes — tremi,
Frio horror me coou pelos membros,
Frio vento no rosto senti.

Era feio, medonho, tremendo,
Ó Guerreiros, o espectro que eu vi.
Falam Deuses nos cantos do Piaga,
Ó Guerreiros, meus cantos ouvi!

II

Porque dormes, ó Piaga divino?
Começou-me a Visão a falar,
Por que dormes? O sacro instrumento
De per si já começa a vibrar.

Tu não viste nos céus um negrume
Toda a face do sol ofuscar;
Não ouviste a coruja, de dia,
Seus estrídulos torva soltar?

---

[10] *Manitôs,* uns como penates que os índios da América do Norte veneravam. O seu desaparecimento augurava grandes calamidades às tribos, de que eles houvessem desertado. (Nota do Autor.)

[27] *O sacro instrumento:* o maracá. (Nota do Autor.)

Tu não viste dos bosques a coma
Sem aragem — vergar-se e gemer,
Nem a lua de fogo entre nuvens,
Qual em vestes de sangue, nascer?

E tu dormes, ó Piaga divino!
E Anhangá te proíbe sonhar!
E tu dormes, ó Piaga, e não sabes,
E não podes augúrios cantar?!

Ouve o anúncio do horrendo fantasma,
Ouve os sons do fiel Maracá;
Manitôs já fugiram da Taba!
Ó desgraça! Ó ruína! Ó Tupá!

III

Pelas ondas do mar sem limites
Basta selva, sem folhas, i vem;
Hartos troncos, robustos, gigantes;
Vossas matas tais monstros contêm.

Traz embira dos cimos pendente
— Brenha espessa de vário cipó —
Dessas brenhas contêm vossas matas;
Tais e quais, mas com folhas; é só!

Negro monstro os sustenta por baixo,
Brancas asas abrindo ao tufão,

---

33 *Coma:* copa (das árvores).

44 *Tupá:* (Tupá ou Tupã), Deus, o ente imenso, incompreensível e todo-poderoso — o gênio do bem, como Anhangá o do mal. É o Orosmane e Arimane dos Persas. (Nota do Autor.)

46 *I:* forma antiga e popular de aí.

47 *Hartos:* forma castelhana correspondente a *fartos*.

Como um bando de cândidas garças,
Que nos ares pairando — lá vão.

Ó! quem foi das entranhas das águas,
O marinho arcabouço arrancar?
Nossas terras demanda, fareja...
Esse monstro... — o que vem cá buscar?

Não sabeis o que o monstro procura?
Não sabeis a que vem, o que quer?
Vem matar vossos bravos guerreiros,
Vem roubar-vos a filha, a mulher!

Vem trazer-vos crueza, impiedade —
Dons cruéis do cruel Anhangá;
Vem quebrar-vos a maça valente,
Profanar Manitôs, Maracás.

Vem trazer-vos algemas pesadas,
Com que a tribo Tupi vai gemer;
Hão de os velhos servirem de escravos,
Mesmo o Piaga inda escravo há de ser!

Fugireis procurando um asilo,
Triste asilo por ínvio sertão;
Anhangá de prazer há de rir-se,
Vendo os vossos quão poucos serão.

Vossos Deuses, ó Piaga, conjura,
Susta as iras do fero Anhangá.
Manitôs já fugiram da Taba,
Ó desgraça! Ó ruína! Ó Tupá!

❖

Sofrimento

Meu Deus, Senhor meu Deus, o que há no mundo
Que não seja sofrer?
O homem nasce, e vive um só instante,
E sofre até morrer!

A flor ao menos, nesse breve espaço
Do seu doce viver,
Encanta os ares com celeste aroma,
Querida até morrer.

É breve o romper d'alva, mas ao menos
Traz consigo prazer;
E o homem nasce e vive um só instante:
E sofre até morrer!

Meu peito de gemer já está cansado,
Meus olhos de chorar;
E eu sofro ainda, e já não posso alívio
Sequer no pranto achar!

Já farto de viver, em meia vida,
Quebrado pela dor,
Meus anos hei passado, uns após outros,
Sem paz e sem amor.

O amor que eu tanto amava do imo peito,
Que nunca pude achar,
Que embalde procurei, na flor, na planta,
No prado, e terra, e mar!

E agora o que sou eu? — Pálido espectro,
Que da campa fugiu:
Flor ceifada em botão; imagem triste
De um ente que existiu...

Não escutes, meu Deus, esta blasfêmia;
Perdão, Senhor, perdão!
Minha alma sinto ainda, — sinto, escuto
Bater-me o coração.

Quando roja meu corpo sobre a terra,
Quando me aflige a dor,
Minha alma aos céus se eleva, como o incenso,
Como o aroma da flor.

E eu bendigo o teu nome eterno e santo,
Bendigo a minha dor,
Que vai além da terra aos céus infindos
Prender-me ao criador.

Bendigo o nome teu, que uma outra vida
Me fez descortinar,
Uma outra vida, onde não há só trevas,
E nem há só penar.

❖

Tabira *

(Poesia americana)

Les peaux rouges, plus nobles, mais plus infortunées que les peaux noires, qui arriveront un jour à la liberté par l'esclavage, n'ont d'autre recours que la mort, parce que leur nature se refuse à la servitude. **

I

É Tabira guerreiro valente,
Cumpre as partes de chefe e soldado;
É caudilho de tribo potente,
— Tobajaras — o povo senhor!

---

* *Tabira:* tronco empinado, haste em pé. O poeta fará alusão a este Tobajara em Os *Timbiras,* c. IV, v. 283 (Manuel Bandeira, op. cit. p. 308).

** *Os peles-vermelhas,* mais nobres, mais infelizes que os *peles-negras,* que chegarão um dia à liberdade pela escravidão, não têm outro recurso senão a morte, porque sua natureza se recusa à servidão.

[4] *Tobajaras:* o povo senhor. *"Ces Tobaïares qui réclamaient l'antériorité dans la domination du pays, et qui se donnaient un titre équivalent à celui de seigneurs de la contrée."* Ferdinand Denis. "Tobajaras são os índios principais do Brasil, e pretendem eles serem os primeiros povoadores e senhores da terra. O nome, que tomaram, o mostra: porque *yara* quer dizer senhores, *tobá* quer dizer rosto, e vem a dizer que são os senhores do rosto da terra, que eles têm pela fronteira do marítimo em comparação do sertão". Padre Simão de Vasconcelos. *Notícias do Brasil* I. 1, nº 156.

Escrevendo Tobajaras segui, por ser mais eufônico, a ortografia do Padre Vasconcelos. Convém todavia confessar que se não deveria dizer Tobajaras, como este Cronista, mas *Tabajaras* ou *Tabaiaras* com Ferdinand Denis, o que mais se conforma com a etimologia, "taba e Iara ou Yara". Tabajaras é literalmente como se disséssemos, os senhores ou dominadores das aldeias.

Ninguém mais observa o tratado,
Ninguém menos de perigos se aterra,
Ninguém corre aos acenos da guerra
Mais depressa que o bom lidador!

II

Seu viver é batalha aturada,
Dos contrários a traça aventando;
É dispor a cilada arriscada,
Onde o imigo se venha meter!
Levam noites com ele sonhando
Potiguares, que o viram de perto;
Potiguares, que asselam por certo
Que Tabira só sabe vencer!

III

Mil enganos lhe têm já tecido,
Mil ciladas lhe têm preparado;
Mas Tabira, fatal destemido,
Tem feitiço, ou encanto, ou condão!

Por isso mesmo que os Tobajaras ocupavam o litoral, é de supor que eles fossem antes os conquistadores, que os primeiros povoadores do país. Os conquistadores, como homens que eram, carentes das mais simples noções da agricultura, deveriam de preferência escolher as praias como mais mimosas da natureza e mais fartas, recalcando assim para o centro das matas os íncolas, primitivos do país. É isto o que sabemos da história de todos os povos bárbaros. Os Tobajaras portanto dominaram pela conquista e quadra-lhes otimamente o nome que tomaram de senhores das aldeias — de *Tabajaras*. (Nota do Autor.)

[14] *Potiguares:* dizem uns *Potiguares* ou *Petiguares,* outros *Pitigoares*. Deles escreve o Padre Vasconcelos: "Em segundo lugar *(depois dos Tobajaras)* os Potiguares foram sempre índios de valor, e se fizeram estimar pelas armas, que por longos anos moveram contra os Tabajaras: nas quais tiveram encontros dignos de história; porém não me posso deter em cantá-los,... punham em campo vinte até trinta mil arcos". *Not. do Brasil*, L. 1, nº 157. (Nota do Autor.)

Sempre o plano da guerra é frustrado,
Sempre o bravo fronteiro aparece,
Que os enganos cruéis lhes destece,
Face a face, arco e setas na mão!

IV

Já dos Lusos o troço apoucado,
Paz firmando com ele traidora,
Dorme ileso na fé do tratado,
Que Tabira é valente e leal.
Sem Tabira dos Lusos que fora?
Sem Tabira que os guarda e defende,
Que das pazes talvez se arrepende
Já feridas outrora em seu mal!

V

Chefe estulto dum povo de bravos,
Mas que os piagas vitórias te fadem.
Hão de os teus, miserandos escravos,
Tais triunfos um dia chorar!
Caraíbas tais feitos aplaudem,
Mas sorrindo vos forjam cadeias,
E pesadas algemas, e peias,
Que traidores vos hão de lançar!

VI

Chefe estólido, insano, imprudente,
Sangue e vida dos teus malbaratas?!
Míngua as forças da tribo potente,
Vencedora da raça Tupi!

---

[37] *Caraíbas:* designação dada pelos índios aos brancos.

Hão de os teus acossados nas matas
Malferidos, sangrentos, ignavos,
Não podendo viver como escravos,
Dar o resto do sangue por ti!

VII

Vivem homens de pele cor da noite
Neste solo, que a vida embeleza;
Podem, servos, debaixo do açoite,
Nênias tristes da pátria cantar!
Mas o índio que a vida só preza
Por amor dos combates, e festas
Dos triunfos sangrentos, e sestas
Resguardadas do sol no palmar;

VIII

Ocioso, indolente, vadio,
Ou ativo, incansável, fragueiro!
Já nas matas, no bosque erradio,
Já disposto a lutar, a vencer:
Ama as selvas, e o vento palreiro,
Ama a glória, ama a vida; mas antes
Que viver amargados instantes,
Quer e pode e bem sabe morrer!

IX

Eia, avante! ó caudilho valente!
Potiguaras lá vêm denodados;
Tão cerrado concurso de gente,
Ninguém viu nestas partes assim!
Poucos são, mas briosos soldados;
Não são homens de aspecto jucundo!
Restos são, mas são restos dum mundo;

Poucos são, mas soldados por fim!

X

Os seus velhos disseram consigo,
Discutindo os motivos da guerra:
“É Tabira — cruel, inimigo,
Já nem crê, renegado, em Tupã!”
Pés robustos lá batem na terra,
Pó ligeiro se expande nos ares:
Era noite! milhar de milhares
São armados, mal rompe a manhã

XI

Vêm soberbos, — o sol luz apenas!
Confiados, galhardos, lustrosos,
Vêm bizarros nas armas, nas penas,
Atrevidos no acento e na voz!
Um dentre eles, dos mais orgulhosos,
Sobe à pressa nas aspas dum monte!
Dali brada, postado defronte
De Tabira — com jeito feroz:

XII

“Ó Tabira, Tabira! aqui somos
A provar nossas forças contigo;
Dizes tu que vencidos já fomos!
Di-lo tu, não no diz mais ninguém.
Ora eu só a vós todos vos digo:
Sois cobardes, irmãos de Tabira!
Propagastes solene mentira,
Que vencer não sabemos também.

XIII

"Para o vosso terreiro vos chamo
Contra mim vinde todos, — sou forte:
Acorrei ao meu nobre reclamo!
Aqui sou, nem me parto daqui!
Vinde todos em densa coorte:
Travaremos combate sangrento,
Mas por fim do triunfo cruento
Direis vós, se fui eu quem menti."

XIV

Disse o arauto: eis a turba ufanosa
Lhe responde, arco e setos brandindo,
Pés batidos, voz alta e ruidosa:
— Bem falado, ó guerreiro, mui bem!
Assim é; mas Tabira rugindo,
Ressentido de ofensas tamanhas,
O rancor mal encobre das sanhas,
Que não lava no sangue de alguém.

XV

Raso outeiro ali perto se oferece:
Vinga-o prestes, ardido, açodado!...
Como leiva de pálida messe,
Já madura, tremendo no pé;
Todo o campo descobre ocupado
Por guerreiros, — no extremo horizonte
Não distingue nas faldas do monte,
O que é gente, o que gente não é.

XVI

Não se abala o preclaro guerreiro,

Do que vê seu valor não fraqueia;
Diz consigo: “Um só golpe certeiro
Vai de todo esta raça apagar!
Juntos são, mas são meus!” — Já vozeia;
Logo os seus lhe respondem gritando,
Tais rugidos, tais roncos soltando
Que aos seus próprios deveram turbar!

XVII

Diz a fama que então de assustadas
Muitas aves que o espaço cruzavam,
De pavor subitâneo tomadas,
Descaíam pasmadas no chão:
Já com silvos e atitos voavam
Muitas outras, que o triste gemido
No conflito, abafado e sumido,
Talvez deram, — mas fraco, mas vão!

XVIII

Eis que os arcos de longe se encurvam,
Eis que as setas aladas já voam,
Eis que os ares se cobrem, se turvam,
De frechados, de surdos que são.
Novos gritos mais altos reboam,
Entre as hostes se apaga o terreno,
Já tornado apoucado e pequeno,
Já coberto de mortos o chão!

XIX

Peito a peito encontrados afoutos,
Braço a braço travados briosos,
Fervem todos inquietos, revoltos,
Que indecisa a vitória inda está.

Todos movem tacapes pesados;
Qual resvala, qual todo se enterra
No imigo que morde na terra,
Que sepulcro talvez lhe será.

XX

"Mas Tabira! Tabira! Que é dele?
"Onde agora se esconde o pujante?"
— Não no vedes?! — Tabira é aquele
— Que sangrento, impiedoso lá vai!
— Vê-lo-eis andar sempre adiante,
— Larga esteira de mortos deixando
— Trás de si, como o raio cortando
— Ramos, troncos do bosque, onde cai. —

XXI

"Foge! Foge! Leal Tobajara;
"Quantos arcos que em ti fazem mira?!"
— Muitos são; porém medos encara
— Face a face, quem é como eu sou!
Muitas setas cravejam Tabira:
Belo quadro! — mas vê-lo era horrível!
Porco-espim que sangrado o terrível
Duras cerdas raivando espetou!

XXII

Tem um olho dum tiro frechado!
Quebra as setas que os passos lhe impedem,
E do rosto, em seu sangue lavado,
Frecha e olho arrebata sem dó!
E aos imigos que o campo não cedem,
Olho e frecha mostrando extorquidos
Diz, em voz que mais eram rugidos:

— Basta, vis, por vencer-vos um só!

XXIII

E com fúria tão grande arremetem,
Com despego tão nobre da vida;
Tantos golpes, tão fundos repetem,
Que senhores do campo já são!
Potiguares lá vão de fugida,
Inda à fera mais torva e bravia
Disputando guarida dum dia
No mais fundo do vasto sertão!

XXIV

Potiguares, que a aurora risonha
Viu nação numerosa e potente,
Não há povo na tarde tristonha,
Mas só restos dum povo infeliz!
Insepultos na terra inclemente
Muitos dormem; mas há quem lhe inveja
Essa morte do bravo em peleja,
Quem a vida do escravo maldiz!

XXV

"Este o conto que os índios contavam,
"A desoras, na triste senzala;
"Outros homens ali descansavam,
"Negra pela; mas escravos também.
"Não choravam; somente na fala
"Era um quê da tristeza que mora
"Dentro da alma do homem que chora
"O passado e o presente que tem!"

❖

A saudade

Saudade, ó bela flor, quando te faltem
Coração ou jardim, onde tu cresças;
Vem, vem ter comigo;
Deixa os que te não seguem.
Terás em peito amigo
Lágrimas, que te reguem,
Espaço, em que floresças.
Das pegadas da ausência tu despontas,
Entre as memórias cresces do passado,
Quando um objeto amado;
Quando um lugar distante,
Noite e dia,
Nos enluta e apouquenta a fantasia.
Vem, ó Saudade, vem
A mim também
Consolar de gemidos suspirosos
E de partidos ais!
Oh! seja a punição dos insensíveis
Não te sentir jamais!

Propícia Deusa, e se não fosse a esperança,
Deusa melhor da vida; que insensato,
A quem mitigas túrbidos pesares
Haverá tão ingrato
Que te não queime incenso em teus altares?

O *presente* o que é? — Breve momento
D'incômodo ou desgraça
Ou de prazer, que passa
Mais veloz que o ligeiro pensamento.
Véu escuro,
Que nem sempre a ilusão nos adelgaça,
Nos encobre os caminhos do futuro.
O que nos resta pois? — Resta a saudade,
Que dos passados dias
De mágoas e alegrias
Bálsamo santo extrai consolador!
Resta a saudade que alimenta a vida
À luz do facho que adormenta a dor!

Hera do coração, memória dele,
Ó Saudade, ó rainha do passado,
Semelhas a romântica donzela
De roupas alvejantes
Nas ruínas de castelo levantado:
Grinaldas flutuantes,
Que das fendas brotaram,
Movem-se do nordeste
Ao sopro agudo e frio;
Enquanto vendo-o ao longe o senhorio,
De posses decaído,
De invernos alquebrado,
Recorda triste os anos que passaram!

Em que plagas inóspitas e duras
Não me tens sido companheira e amiga?
Em que hora, em que instante
De folga ou de fadiga
Já deixei de sentir o penetrante
Espinho teu, a repassar-me todo
Dum prazer melancólico e suave?

Pois nasces nos desertos da tristeza,
Ó Saudade, ó rainha do passado!
Quando te falte gleba, onde tu cresças,
Vem, vem ter comigo;
Deixa os que te não seguem,
Terás em peito amigo
Lágrimas, que te reguem,
Espaço, em que floresças!

Entra em meu coração, ocupa-o todo,
Fibra por fibra enlaça-te com ele,
Desce com ele à sepultura; e quando
Jazer eu na eternidade,
Minha flor, minha saudade,
Tu procura a aura celeste,
Rompe a terra, transforma-te em cipreste,
Que enlute o meu jazigo;
E ao meneio das ramas funerárias,
Meu derradeiro amigo,
Descanse morto quem viveu contigo.

❖

Não me deixes

Debruçada nas águas dum regato
A flor dizia em vão
À corrente, onde bela se mirava...
"Ai, não me deixes, não!

"Comigo fica ou leva-me contigo
"Dos mares à amplidão,
"Límpido ou turvo, te amarei constante;
"Mas não me deixes, não!"

E a corrente passava; novas águas
Após as outras vão;
E a flor sempre a dizer curva na fonte:
"Ai, não me deixes, não!"

E das águas que fogem incessantes
À eterna sucessão
Dizia sempre a flor e sempre embalde:
"Ai, não me deixes, não!"

Por fim desfalecida e a cor murchada,
Quase a lamber o chão,
Buscava inda a corrente por dizer-lhe
Que a não deixasse, não.

A corrente impiedosa a flor enleia,
    Leva-a do seu torrão;
A afundar-se dizia a pobrezinha:
    “Não me deixaste, não!”

❖

Ainda uma vez — adeus!

I

Enfim te vejo! — enfim posso,
Curvado a teus pés, dizer-te,
Que não cessei de querer-te,
Pesar de quanto sofri.
Muito penei! Cruas ânsias,
Dos teus olhos afastado,
Houveram-me acabrunhado,
A não lembrar-me de ti!

II

Dum mundo a outro impelido,
Derramei os meus lamentos
Nas surdas asas dos ventos,
Do mar na crespa cerviz!
Baldão, ludíbrio da sorte
Em terra estranha, entre gente,
Que alheios males não sente,
Nem se condói do infeliz!

---

[13] *Baldão:* forma antiga do Brasil para significar *opróbrio*.

III

Louco, aflito, a saciar-me
D'agravar minha ferida,
Tomou-me tédio da vida,
Passos da morte senti;
Mas quase no passo extremo,
No último arcar da esperança,
Tu me vieste à lembrança:
Quis viver mais e vivi!

IV

Vivi; pois Deus me guardava
Para este lugar e hora!
Depois de tanto, senhora,
Ver-te e falar-te outra vez;
Rever-me em teu rosto amigo,
Pensar em quanto hei perdido,
E este pranto dolorido
Deixar correr a teus pés.

V

Mas que tens? Não me conheces?
De mim afastas teu rosto?
Pois tanto pôde o desgosto
Transformar o rosto meu?
Sei a aflição quanto pode,
Sei quanto ela desfigura,
E eu não vivi na ventura...
Olha-me bem, que sou eu!

VI

Nenhuma voz me diriges!...

Julgas-te acaso ofendida?
Deste-me amor, e a vida
Que ma darias — bem sei;
Mas lembrem-te aqueles feros
Corações, que se meteram
Entre nós; e se venceram,
Mal sabes quanto lutei!

VII

Oh! se lutei!... mas devera
Expor-te em pública praça,
Como um alvo à populaça,
Um alvo aos dictérios seus!
Devera, podia acaso
Tal sacrifício aceitar-te
Para no cabo pagar-te,
Meus dias unindo aos teus?

VIII

Devera, sim; mas pensava,
Que de mim te esquecerias,
Que, sem mim, alegres dias
Te esperavam; e em favor
De minhas preces, contava
Que o bom Deus me aceitaria
O meu quinhão de alegria
Pelo teu quinhão de dor!

IX

Que me enganei, ora o vejo:
Nadam-te os olhos em pranto,
Arfa-te o peito, e no entanto
Nem me podes encarar;

Erro foi, mas não foi crime,
Não te esqueci, eu to juro:
Sacrifiquei meu futuro,
Vida e glória por te amar!

X

Tudo, tudo; e na miséria
Dum martírio prolongado,
Lento, cruel, disfarçado,
Que eu nem a ti confiei;
"Ela é feliz (me dizia)
"Seu descanso é obra minha".
Negou-me a sorte mesquinha...
Perdoa, que me enganei!

XI

Tantos encantos me tinham,
Tanta ilusão me afagava
De noite, quando acordava,
De dia em sonhos talvez!
Tudo isso agora onde para?
Onde a ilusão dos meus sonhos?
Tantos projetos risonhos,
Tudo esse engano desfez!

XII

Enganei-me!... — Horrendo caos
Nessas palavras se encerra,
Quando do engano, quem erra,
Não pode voltar atrás!
Amarga irrisão! reflete:
Quando eu gozar-te pudera
Mártir quis ser, cuidei que era...

E um louco fui, nada mais!

XIII

Louco, julguei adornar-me
Com palmas de alta virtude!
Que tinha eu bronco e rude
Com o que se chama ideal?
O meu eras tu, não outro;
Estava em deixar minha vida
Correr por ti conduzida,
Pura, na ausência do mal.

XIV

Pensar eu que o teu destino
Ligado ao meu, outro fora,
Pensar que te vejo agora,
Por culpa minha, infeliz;
Pensar que a tua ventura
Deus *ab eterno* a fizera,
No meu caminho a pusera...
E eu! Eu fui que a não quis!

XV

És doutro agora, e para sempre!
Eu a mísero desterro
Volto, chorando o meu erro,
Quase descrendo dos céus!
Dói-te de mim, pois me encontras
Em tanta miséria posto,
Que a expressão deste desgosto
Será um crime ante Deus!

XVI

Dói-te de mim, que te imploro
Perdão, a teus pés curvado;
Perdão!... de não ter ousado
Viver contente e feliz!
Perdão da minha miséria,
Da dor que me rala o peito,
E se do mal que te hei feito,
Também do mal que me fiz!

XVII

Adeus que eu parto, senhora;
Negou-me o fado inimigo
Passar a vida contigo,
Ter sepultura entre os meus;
Negou-me nesta hora extrema,
Por extrema despedida,
Ouvir-te a voz comovida:
Soluçar um breve Adeus!

XVIII

Lerás porém algum dia
Meus versos, da alma arrancados,
De amargo pranto banhados,
Com sangue escritos; — e então
Confio que te comovas,
Que a minha dor te apiade,
Que chores, não de saudade,
Nem de amor, — de compaixão.

❖

A sua voz

Por que ficasse a vida
Por o mundo em pedaços repartida.*

Camões, Canção X.

Ouvi-a! A sua voz me despertava
Tudo quanto de bom conservo na alma.
Retratado o pudor tinha no rosto,
E um suave dizer, um timbre doce
De voz, uma piedade estreme e santa,
Que as mais profundas chagas amimava,
De ambrosia e de mel lhe ungia os lábios

Ouvi-a! A sua voz era mais branda,
Mais impressiva que o cantar das aves!
A aragem que entre flores, se desliza
E mal remexe a tímida folhagem,
A veia de cristal que triste soa,
O saudoso arrulhar de mansas pombas,
As próprias notas dum cantar longínquo
Ou de instrumento a conversar com a noite,
Menos que a sua voz impressionavam!

* *Camões:* poeta português do Classicismo (1524-1580).
Canç. X: Canção, uma das obras líricas de Camões.

Menos que a sua voz! — Os dois mais fortes,
Os dois mais puros sentimentos nossos
— A saudade e o amor, — as mais profundas
Das merencórias solidões da terra
— As florestas e o mar, — um cismar vago,
Um devaneio, um êxtase sem termo
D'alma perdida por um céu de amores,
Tanto como a sua voz não arroubavam!

Tanto como a sua voz! — somente o foram
Dulces notas de místicos saltérios
Té nós de um astro em outro repetidas.
Foi isto o que senti, quando a escutava,
Fluente, harmoniosa, discorrendo
Em prática singela, sobre assuntos
Diversos, sobre flores, menos belas
Do que o seu rosto, e céus, como ela, puros.
Mas quem na ouvira conversa de amores,
Trouxera na alma como uma harpa eólia,
    Dia e noite vibrando,
    Como um cantar dos anjos
Do coração a estremecer-lhe as fibras!

❖

Se se morre de amor!

Meere und Berge und Horizonte zwischen den Liebenden – aber die Seelen versetzen sich aus dem staubigen Kerker und treffen sich im Paradiese der Liebe. *

SCHILLER, *DIE RÄUBER*.

Se se morre de amor! — Não, não se morre,
Quando é fascinação que nos surpreende
De ruidoso sarau entre os festejos;
Quando luzes, calor, orquestra e flores
Assomos de prazer nos raiam n'alma,
Que embelezada e solta em tal ambiente
No que ouve, e no que vê prazer alcança!

Simpáticas feições, cintura breve,
Graciosa postura, porte airoso,
Uma fita, uma flor entre os cabelos,
Um quê mal definido, acaso podem
Num engano de amor arrebatar-nos.
Mas isso amor não é; isso é delírio,
Devaneio, ilusão, que se esvaece
Ao som final da orquestra, ao derradeiro
Clarão, que as luzes no morrer despedem:
Se outro nome lhe dão, se amor o chamam,

---

* Mares e montanhas e horizontes entre os amantes — mas as almas deslocam-se do cárcere poeirento e encontram-se no Paraíso do amor.
Schiller: escritor alemão (1759-1805).

De amor igual ninguém sucumbe à perda.

Amor é vida; é ter constantemente
Alma, sentidos, coração — abertos,
Ao grande, ao belo; é ser capaz de extremos,
De altas virtudes, té capaz de crimes!
Compreender o infinito, a imensidade,
E a natureza e Deus; gostar dos campos,
De aves, flores, murmúrios solitários;
Buscar tristeza, a soledade, o ermo,
E ter o coração em riso e festa;
E à branda festa, ao riso da nossa alma
Fontes de pranto intercalar sem custo;
Conhecer o prazer e a desventura
No mesmo tempo, e ser no mesmo ponto
O ditoso, o misérrimo dos entes:
Isso é amor, e desse amor se morre!

Amar, e não saber, não ter coragem
Para dizer que é amor que em nós sentimos;
Temer que olhos profanos nos devassem
O templo, onde a melhor porção da vida
Se concentra; onde avaros recatamos
Essa fonte de amor, esses tesouros
Inesgotáveis, de ilusões floridas;
Sentir, sem que se veja, a quem se adora,
Compreender, sem lhe ouvir, seus pensamentos,
Segui-la, sem poder fitar seus olhos,
Amá-la, sem ousar dizer que amamos,
E, temendo roçar os seus vestidos,
Arder por afogá-la em mil abraços:
Isso é amor, e desse amor se morre!

Se tal paixão porém enfim transborda,
Se tem na terra o galardão devido
Em recíproco afeto; e unidas, uma,

Dois seres, duas vidas se procuram,
Entendem-se, confundem-se e penetram
Juntas — em puro céu de êxtases puros;
Se logo a mão do fado as torna estranhas,
Se os duplica e separa, quando unidos
A mesma vida circulava em ambos;
Que será do que fica, e do que longe
Serve às borrascas de ludíbrio e escárnio?
Pode o raio num píncaro caindo,
Torná-lo dois, e o mar correr entre ambos;
Pode rachar o tronco levantado
E dois cimos depois verem-se erguidos,
Sinais mostrando da aliança antiga;
Dois corações porém, que juntos batem,

Que juntos vivem, — se os separam, morrem;
Ou se entre o próprio estrago inda vegetam,
Se aparência de vida, em mal, conservam;
Ânsias cruas resumem do proscrito,
Que busca achar no berço a sepultura!

Esse, que sobrevive à própria ruína,
Ao seu viver do coração, — às gratas
Ilusões, quando em leito solitário,
Entre as sombras da noite, em larga insônia,
Devaneando, a futurar venturas
Mostra-se e brinca a apetecida imagem;
Esse, que à dor tamanha não sucumbe,
Inveja a quem na sepultura encontra
Dos males seus o desejado termo!

O gigante de pedra *

O guerriers! ne laissez pas ma dépouille au corbeau!
Ensevelissez-moi parmi des monts sublimes,
Afin que l'étranger cherche, en voyant leurs cimes,
Quelle montagne est mon tombeau! **

V. Hugo, *Le Géant*.

Gigante orgulhoso, de fero semblante,
Num leito de pedra lá jaz a dormir!
Em duro granito repousa o gigante,
Que os raios somente puderam fundir.

Dormido atalaia no serro empinado
Devera cuidoso, sanhudo velar;
O raio passando o deixou fulminado,
E à aurora, que surge, não há de acordar!

Com os braços no peito cruzados nervosos,
Mais alto que as nuvens, os céus a encarar,

---

* Alguns dos principais montes da enseada do Rio de Janeiro parecem aos que vêm do Norte ou do Sul representar uma figura humana de colossal grandeza: este capricho da natureza foi conhecido dos primeiros navegantes portugueses com a denominação de "frade de pedra", que agora se chama "o gigante de pedra". Àquele objeto se fez esta poesia. (Nota do Autor.)

** Ó guerreiros! Não exponhais meus despojos ao abutre!
Sepultai-me entre montes sublimes,
A fim de que o estrangeiro procure, vendo seus picos,
Em qual montanha está meu túmulo!
V. Hugo: poeta francês (1802-1885).

Seu corpo se estende por montes fragosos,
Seus pés sobranceiros se elevam do mar!

De lavas ardentes seus membros fundidos
Avultam imensos: só Deus poderá
Rebelde lançá-lo dos montes erguidos,
Curvados ao peso, que sobre lhe está.

E o céu, e as estrelas e os astros fulgentes
São velas, são tochas, são vivos brandões,
E o branco sudário são névoas algentes,
E o crepe, que o cobre, são negros bulcões.

Da noite, que surge, no manto fagueiro
Quis Deus que se erguesse, de junto a seus pés,
A cruz sempre viva do sul no cruzeiro,
Deitada nos braços do eterno Moisés.

Perfumam-no odores que as flores exalam,
Bafejam-no carmes de um hino de amor
Dos homens, dos brutos, das nuvens que estalam,
Dos ventos que rugem, do mar em furor.

E lá na montanha, deitado dormido
Campeia o gigante, — nem pode acordar!
Cruzados os braços de ferro fundido,
A fronte nas nuvens, os pés sobre o mar!

II

Banha o sol os horizontes,
Trepa os castelos dos céus,
Aclara serras e fontes,
Vigia os domínios seus:
Já descai para o ocidente,
E em globo de fogo ardente

Vai-se no mar esconder;
E lá campeia o gigante,
Sem destorcer o semblante,
Imóvel, mudo, a jazer!

Vem a noite após o dia,
Vem o silêncio, o frescor,
E a brisa leve e macia,
Que lhe suspira ao redor;
E da noite entre os negrores,
Das estrelas os fulgores
Brilham na face do mar:
Brilha a lua cintilante,
E sempre mudo o gigante,
Imóvel, sem acordar!

Depois outro sol desponta,
E outra noite também,
Outra lua que aos céus monta,
Outro sol que após lhe vem:
Após um dia outro dia,
Noite após noite sombria,
Após a luz o bulcão,
E sempre o duro gigante,
Imóvel, mudo, constante
Na calma e na cerração!

Corre o tempo fugidio,
Vem das águas a estação,
Após ela o quente estio;
E na calma do verão
Crescem folhas, vingam flores,
Entre galas e verdores
Sazonam-se frutos mil;
Cobrem-se os prados de relva,
Murmura o vento na selva,

Azulam-se os céus de anil!

Tornam prados a despir-se,
Tornam flores a murchar,
Tornam de novo a vestir-se,
Tornam depois a secar;
E como gota filtrada
De uma abóbada escavada
Sempre, incessante a cair,
Tombam as horas e os dias,
Como fantasmas sombrias
Nos abismos do porvir!

E no féretro de montes
Inconcusso, imóvel, fito,
Escurece os horizontes
O gigante de granito:
Com soberba indiferença
Sente extinta a antiga crença

Dos Tamoios, dos Pajés;

---

[89] *Dos Tamoios, dos Pajés:* Tamoios eram os primeiros habitantes do Rio; Pajés — eram os sacerdotes, os áugures, os médicos dos indígenas de todo o litoral do Brasil — os mesmos a que nos *Primeiros Cantos* dei o nome de piagas. Eis o que naquela obra escrevi a este respeito (Tomo I, p. 217): "Piajé" — Piache — Piaye ou Piaga, que mais se conforma à nossa "pronúncia, era ao mesmo tempo o sacerdote e o médico, o áugure e o cantor dos indígenas do Brasil e de outras partes da América". E em outra nota acrescentei: "Eram anacoretas austeros, que habitavam cavernas hediondas, nas quais, sob pena de morte, não penetravam profanos. Vivendo rígida e sobriamente, depois de um longo e terrível noviciado, ainda mais rígido que a sua vida, eram eles um objeto de culto, de respeito para todos; — eram os dominadores dos chefes — a baliza formidável, que felizmente se erguia entre o conhecido e o desconhecido — entre a tão exígua ciência daqueles homens, e a desejada revelação dos espíritos."

Hans Staden escreve Paygi; Payé lê-se em uma das obras do Padre Vasconcelos, nome que também lhes dá Laer na sua Descrição das Índias Ocidentais. Lery e Damião de Góis escrevem Pagé, ortografia que agora adotamos. (Nota do Autor.)

Nem vê que duras desgraças,
Que lutas de novas raças
Se lhe atropelam aos pés!

III

E lá na montanha deitado dormindo
Campeia o gigante! — nem pode acordar!
Cruzados os braços de ferro fundido,
A fronte nas nuvens, e os pés sobre o mar!...

IV

Viu primeiro os íncolas
Robustos, das florestas,
Batendo os arcos rígidos,
Traçando homéreas festas,
À luz dos fogos rútilos,
Aos sons do murmuré!
E em Guanabara esplêndida

As danças dos guerreiros,
E o guau cadente e vário
Dos moços prazenteiros,

---

[102] *Murmuré: Muremure* escreve o Padre Vasconcelos nas suas *Notícias Curiosas:* colige-se que é um instrumento feito de ossos de defuntos, como alguns outros, de que se serviam. (Nota do Autor.)

[103] *Guanabara:* a enseada do Rio de Janeiro. — Escreve-se indiferentemente Genabara ou Ganabara. Lery diz na sua obra *Histoire d'un voyage fait en la terre du Brésil en ceste vivière de Ganabara*. Southey (History of Brasil) acrescenta em uma nota, que Nicolau Barré datava desta maneira as suas cartas: "Ad flumen Genabara in Brasilia", etc. (Nota do Autor.)

[105] *Guau:* dança. "São mui dados a saltar e dançar de diferentes modos, a que chamam *guau* em geral". Vasconscelos. *Notícias Curiosas,* L. 1, nº 143. (Nota do Autor.)

E os cantos da vitória
Tangidos no boré.

E das igaras côncavas
A frota aparelhada,
Vistosa e formosíssima
Cortando a undosa estrada,
Sabendo, mas que frágeis,
Os ventos contrastar:
E a caça leda e rápida
Por serras, por devesas,
E os cantos da janúbia
Junto às lenhas acesas,
Quando o tapuia mísero
Seus feitos vai narrar!

E o germe da discórdia
Crescendo em duras brigas,
Ceifando os brios rústicos
Das tribos sempre amigas,
— Tamoi a raça antígua,
Feroz Tupinambá.
Lá vai a gente impróvida,
Nação vencida, imbele,
Buscando as matas ínvias,
Donde outra tribo a expele;
Jaz o pajé sem glória.
Sem glória o maracá.

---

[109] *Igaras:* eram canoas, feitas de ordinário de um só toro de madeira.

[117] *Janúbia:* Lery escreve diversamente: *"des cornets, qu'ils nomment inubia de la grosseur et longueur d'une demie pique, mais par le bout d'en bas lorges d'environ un demi-pied comme un hautbois"*. — Obra cit. p. 202. (Nota do Autor.)

[126] *Tupinambá:* grande tribo indígena tupi, que dominava a costa desde o Pará até a Bahia.

Depois em naus flamívomas
Um troço ardido e forte,
Cobrindo os campos úmidos
De fumo, e sangue, e morte,
Traz dos reparos hórridos
De altíssimo pavês:
E do sangrento pélago
Em míseras ruínas
Surgir galhardas, límpidas
As portuguesas quinas,
Murchos os lises cândidos
Do impróvido gaulês!

V

Mudaram-se os tempos e a face da terra,
Cidades alastram o antigo paul;
Mas inda o gigante, que dorme na serra,
Se abraça ao imenso cruzeiro do sul.

Nas duras montanhas os membros gelados
Talhados a golpes de ignoto buril,
Descansa, ó gigante, que encerras os fados,
Que os términos guardas do vasto Brasil.

Porém se algum dia fortuna inconstante
Puder-nos a crença e a pátria acabar,
Arroja-te às ondas, ó duro gigante,
Inunda estes montes, desloca este mar!

❖

[138] *Pavês:* escudo grande e largo que cobria o corpo todo do soldado.

Leito de folhas verdes

Porque tardas, Jatir, que tanto a custo
À voz do meu amor moves teus passos?
Da noite a viração, movendo as folhas,
Já nos cimos do bosque rumoreja.

Eu sob a copa da mangueira altiva
Nosso leito gentil cobri zelosa
Com mimoso tapiz de folhas brandas,
Onde o frouxo luar brinca entre flores.

Do tamarindo a flor abriu-se, há pouco,
Já solta o bogari mais doce aroma!
Como prece de amor, como estas preces,
No silêncio da noite o bosque exala.

Brilha a lua no céu, brilham estrelas,
Correm perfumes no correr da brisa,
A cujo influxo mágico respira-se
Um quebranto de amor, melhor que a vida!

A flor que desabrocha ao romper da alva
Um só giro do sol, não mais, vegeta:

[7] *Tapiz:* forma antiga significando *tapete*.

Eu sou aquela flor que espero ainda
Doce raio do sol que me dê vida.

Sejam vales os montes, lago ou terra,
Onde quer que tu vás, ou dia ou noite,
Vai seguindo após ti meu pensamento;
Outro amor nunca tive: és meu, sou tua!

Meus olhos outros olhos nunca viram,
Não sentiram meus lábios outros lábios,
Nem outras mãos Jatir, que não as tuas
A arazoia na cinta me apertaram.

Do tamarindo a flor jaz entreaberta,
Já solta o bogari mais doce aroma;
Também meu coração, como estas flores,
Melhor perfume ao pé da noite exala!

Não me escutas, Jatiri nem tardo acodes
À voz do meu amor, que em vão te chama!
Tupã! lá rompe o sol! do leito inútil
A brisa da manhã sacuda as folhas!

[28] *Arazoia:* era o fraldão de penas, moda entre eles. Laet chama *assoyave* a uns mantos inteiros: não sei de que mantos quer o autor falar. Hans Staden (coleção de Ternaux p. 108) dá o mesmo nome a uma espécie de cocar preso ao pescoço, e passando além da cabeça; a este ornato Léry dê o nome de *Yenpenamby*. Quanto à arazoia, eis o que se lê na obra já citada deste autor (p. 103): *Pour la fin de leurs esquippages, recouvrans de leurs voisins de grandes plumes d'austruches, couleurs grises, accommodans tous les tuyaux serrez d'un costé, et le reste qui s'esparpille en rond en façon d'un petit pavillon ou d'une rose, ils en font un grand pennache, qu'ils appellent araroye: le quel estant lié sur leurs reins avec une corde de cotton, l'estroit devers la chair et le large en dehors, quand ils en sont enharnachez,* etc. (Nota do Autor.)

Marabá*

Eu vivo sozinha; ninguém me procura!
Acaso feitura
Não sou de Tupá?
Se algum dentre os homens de mim não se esconde,
— Tu és, me responde
— Tu és Marabá!

— Meus olhos são garços, são cor das safiras,
— Têm luz das estrelas, têm meigo brilhar,
— Imitam as nuvens de um céu anilado,
— As cores imitam das vagas do mar!

Se algum dos guerreiros não foge a meus passos:
"Teus olhos são garços,"
Responde anojado; "mas és Marabá:
"Quero antes uns olhos bem pretos, luzentes,
"Uns olhos fulgentes,
"Bem pretos, retintos, não cor de anajá!"

---

* *Marabá:* encontramos na *Crônica da Companhia* um trecho que explica a significação desta palavra e a ideia desta breve composição.

"Tinha certa velha enterrado vivo um menino, filho de sua nora, no mesmo ponto em que o parira, por ser filho a que chamam 'marabá' que quer dizer de mistura (aborrecível entre esta gente)". Vasconcelos, Cr. da Comp., L. 3, nº 27. (Nota do Autor.)

— É alvo meu rosto da alvura dos lírios,
— Da cor das areias batidas do mar;
— As aves mais brancas, as conchas mais puras
— Não têm mais alvura, não têm mais brilhar. —

Se ainda me escuta meus agros delírios:
— "És alva de lírios,"
Sorrindo responde; "mas és Marabá:
"Quero antes um rosto de jambo corado,
"Um rosto crestado
"Do sol do deserto, não flor de cajá."

— Meu colo de leve se encurva engraçado,
— Como hástea pendente do cacto em flor;
— Mimosa, indolente, resvalo no prado,
— Como um soluçado suspiro de amor! —

"Eu amo a estatura flexível, ligeira,
Qual duma palmeira,"
Então me respondem; "tu és Marabá:
"Quero antes o colo da ema orgulhosa,
"Que pisa vaidosa,
"Que as flóreas campinas governa, onde está."

— Meus loiros cabelos em ondas se anelam,
— O oiro mais puro não tem seu fulgor;
— As brisas nos bosques de os ver se enamoram.
— De os ver tão formosos como um beija-flor!

Mas eles respondem: "Teus longos cabelos,
"São loiros, são belos,
"Mas são anelados; tu és Marabá:
"Quero antes cabelos, bem lisos, corridos,

"Cabelos compridos,
"Não cor de oiro fino, nem cor de anajá."

E as doces palavras que eu tinha cá dentro
A quem nas direi?
O ramo de acácia na fronte de um homem
Jamais cingirei:

Jamais um guerreiro da minha arazoia
Me desprenderá:
Eu vivo sozinha, chorando mesquinha,
Que sou Marabá!

❖

Canção do tamoio

(Natalícia)

I

Não chores, meu filho;
Não chores, que a vida
É luta renhida:
Viver é lutar.
A vida é combate,
Que os fracos abate,
Que os fortes, os bravos,
Só pode exaltar.

II

Um dia vivemos!
O homem que é forte
Não teme da morte;
Só teme fugir;
No arco que entesa
Tem certa uma presa,
Quer seja tapuia,
Condor ou tapir.

III

O forte, o cobarde
Seus feitos inveja

De o ver na peleja
Garboso e feroz;
E os tímidos velhos
Nos graves concelhos,
Curvadas as frontes,
Escutam-lhe a voz!

IV

Domina, se vive;
Se morre, descansa
Dos seus na lembrança,
Na voz do porvir.
Não cures da vida!
Sê bravo, sê forte!
Não fujas da morte,
Que a morte há de vir!

V

E pois que és meu filho,
Meus brios reveste;
Tamoio nasceste,
Valente serás.
Sê duro guerreiro,
Robusto, fragueiro,
Brasão dos tamoios
Na guerra e na paz.

VI

Teu grito de guerra
Retumbe aos ouvidos
De imigos transidos
Por vil comoção;
E tremam de ouvi-lo

Pior que o sibilo
Das setas ligeiras,
Pior que o trovão.

VII

E a mãe nessas tabas,
Querendo calados
Os filhos criados
Na lei do terror;
Teu nome lhes diga,
Que a gente inimiga
Talvez não escute
Sem pranto, sem dor!

VIII

Porém se a fortuna,
Traindo teus passos,
Te arroja nos laços
Do imigo falaz!
Na última hora
Teus feitos memora,
Tranquilo nos gestos,
Impávido, audaz.

IX

E cai como o tronco
Do raio tocado,
Partido, rojado
Por larga extensão;
Assim morre o forte!
No passo da morte
Triunfa, conquista
Mais alto brasão.

X

As armas ensaia,
Penetra na vida:
Pesada ou querida,
Viver é lutar.
Se o duro combate
Os fracos abate,
Aos fortes, aos bravos,
Só pode exaltar.

Olhos verdes

Eles verdes são:
E têm por usança,
Na cor esperança,
E nas obras não.

CAM., Rim. *

São uns olhos verdes, verdes,
Uns olhos de verde-mar,
Quando o tempo vai bonança;
Uns olhos cor de esperança,
Uns olhos por que morri;
Que ai de mi!
Nem já sei qual fiquei sendo
Depois que os vi!

Como duas esmeraldas,
Iguais na forma e na cor,
Têm luz mais branda e mais forte,
Diz uma — vida, outra — morte;
Uma — loucura, outra — amor.
Mas ai de mi!
Nem já sei qual fiquei sendo
Depois que os vi!

* *Cam., Rim.*: *Rimas*, coleção das líricas de Camões.

São verdes da cor do prado,
Exprimem qualquer paixão,
Tão facilmente se inflamam,
Tão meigamente derramam
Fogo e luz do coração;
  Mas ai de mi!
Nem já sei qual fiquei sendo
  Depois que os vi!

São uns olhos verdes, verdes,
Que podem também brilhar;
Não são de um verde embaçado,
Mas verdes da cor do prado
Mas verde da cor do mar.
  Mas ai de mi!
Nem já sei qual fiquei sendo
  Depois que os vi!

Como se lê num espelho,
Pude ler nos olhos seus!
Os olhos mostram a alma,
Que as ondas postas em calma
Também refletem os céus;
  Mas ai de mi!
Nem já sei qual fiquei sendo
  Depois que os vi!

Dizei vós, ó meus amigos,
Se vos perguntam por mi,
Que eu vivo só da lembrança
De uns olhos cor de esperança,
De uns olhos verdes que vi!
  Que ai de mi!
Nem já sei qual fiquei sendo
  Depois que os vi!

Dizei vós: Triste do bardo!
Deixou-se de amor finar!
Viu uns olhos verdes, verdes,
Uns olhos da cor do mar:
Eram verdes sem esperança,
Davam amor sem amar!
Dizei-o vós, meus amigos,
Que ai de mi!
Não pertenço mais à vida
Depois que os vi!

❖

Arpejos

Sweetest Music!... *

SHAKESPEARE

Da noite no remanso
Minha alma se extasia,
E praz-me a sós comigo
Pensar na solidão;
Deixar arrebatar-me
De vaga fantasia,
Deixar correr o pranto
Do fundo coração.

Tudo é silêncio harmônico
E doce amenidade,
E uma expansão suave
Do mais fino sentir;
Existo! E no passado
Só tenho uma saudade,
Desejos no presente,
Receios no porvir!

Como licor que mana
De cava, úmida rocha,
Que o sol nunca evapora,
Nem limpa amiga mão;

---

* A mais doce música...
Shakespeare: o maior poeta da Inglaterra (1564-1616).

A dor que dentro sinto
Minha alma desabrocha;
Que livre o pranto corre
Da noite na solidão!

Atendo! ao longe escuto
Duma harpa os sons queixosos,
Atendo! e logo sinto
Minha alma se alegrar!
Atendo! são suspiros
De seres vaporosos,
Que mil imagens vagas
Me fazem recordar!

Tu que eras minha vida,
Que foste os meus amores,
Imagem grata e bela
Dum tempo mais feliz
Que tens, que assim chorosa
Suspiras entre as flores?
Teu sou, — do juramento
Me lembro, que te fiz.

Te vejo, te procuro,
Teus mudos passos sigo,
Enquanto, leve sombra,
Fugindo vais de mi!
Unido às notas da harpa
Percebo um som amigo,
Que me recorda o timbre
Da voz que já te ouvi!

Na brisa que soluça,
Na fonte que murmura,
Nas folhas que se movem
Da noite à viração,

Ainda escuto os ecos
Duma fugaz ventura,
Que assim me deixou triste
Em mesta solidão.

Prossegue, harpa ditosa,
Nas doces harmonias,
Que da minha alma sabes
A mágoa adormecer;
Prossegue! e a doce imagem
Dos meus primeiros dias
Veja eu ante os meus olhos
De novo aparecer!

Ai, foram como a virgem
Que em sítio solitário
Acaso um dia vimos
Sozinha a divagar!
Memória, benfazeja,
Que o gélido sudário,
Que a morte em nós estende,
Só vale desbotar.

O que mais dói na vida

I cannot but remember such things were,
And were most dear to me. *

SHAKESPEARE

O que mais dói na vida não é ver-se
Mal pago um benefício,
Nem ouvir dura voz dos que nos devem
Agradecidos votos,
Nem ter as mãos mordidas pelo ingrato,
Que as devera beijar!

Não! O que mais dói não é do mundo
A sangrenta calúnia,
Nem ver como se infama a ação mais nobre,
Os motivos mais justos,
Nem como se deslustra o melhor feito,
A mais alta façanha!

Não! O que mais dói não é sentir-se
As mãos dum ente amado
Nos espasmos da morte resfriadas,
E os olhos que se turvam,
E os membros que entorpecem pouco a pouco,
E o rosto que descora!

---

* Não posso senão lembrar que tais coisas existiram e que me foram muito caras.

Não! Não é o ouvir daqueles lábios,
Doces, tristes, compassivas,
Sobre o funéreo leito soluçadas
As palavras amigas,
Que tanto custa ouvir, que lembram tanto,
Que não se esquecem nunca!

Não! Não são as queixas amargadas
No triunfar da morte;
Que, se se apaga a luz da vida escassa,
Mais viva a luz rutila;
Luz da fé que não morre, luz que espanca
As trevas do sepulcro.

O que dói, mas de dor que não tem cura,
O que aflige, o que mata,
Mas de aflição cruel, de morte amara,
É morrermos em vida
No peito da mulher que idolatramos,
No coração do amigo!

Amizade e amor! — laço de flores,
Que prende um breve instante
O ligeiro batel à curva margem
De terra hospitaleira;
Com tanto amor se enastra, e tão depressa,
E tão fácil se rompe!

À mais ligeira ondulação dos mares,
Ao mais ligeiro sopro
Da viração — destrançam-se as grinaldas,
O baixel se afasta,
Veleja, foge, até que em plaga estranha
Naufragado soçobre!

Talvez permite Deus que tão depressa
    Estes laços se rompam,
Por que nos pese o mundo, e aos seus enganos
    Mais sem custo deixemos:
Sem custo assim a brisa arrasta a planta,
    Que jaz solta na terra!

❖

Sei amar

*Amor amore.**

PROVÉRBIOS

Sei amar com paixão ardente e fida,
Como o nauta ama a terra, como o cego
A luz do sol, como o ditoso a vida.

Sim, sei amar; porém do imenso pego
Duma existência mísera e cansada,
Quero uma hora, um instante de sossego.

Dera a vida a uma alma apaixonada,
A um peito de mulher que me entendesse,
Onde eu pousasse a fronte acabrunhada.

Porém, que fosse minha, e que eu soubesse
Que os lábios que beijei são meus somente,
Nem pensa em outro, nem de mim se esquece.

Nem vai de pronto derramar demente
Noutros ouvidos a palavra, o acento,
Que em êxtase de amor criei fervente.

Nem corre o seu volátil pensamento,
Quando falo, a pensar noutros amores,
Noutra voz, noutros sons, noutro momento.

---

* O amor pelo amor.

Demais, acostumado a teus rigores,
Não me queixo, bem vês, mas despedaço
A prisão vil, embora oculta em flores.

Se entro furtivo, onde outro mais de espaço
Como senhor campeia — ao mais querido
Cedo o ingresso, ao mais ditoso o passo.

Não me contenta um coração partido,
Um só amor que a dous pertence, — um peito,
Que bate por dous homens, fementido.

Se eu único não sou, — vil, não aceito
Ser segundo em amor, — inteiro é nobre,
Vale um trono; — partido, é dom tão pobre,
Que eu pobre, como sou, de altivo enjeito.

Meu Anjo, escuta

Le mal dont j'ai souffert s'est enfui comme un rêve,
Je n'en puis comparer le lointain souvenir
Qu'à ces brouillards légers que l'aurore soulève
Et qu'avec la rosée on voit s'évanouir. *

MUSSET

Meu anjo, escuta: quanto junto à noite
Perpassa a brisa pelo rosto teu,
Como suspiro que um menino exala;
Na voz da brisa quem murmura e fala
Brando queixume, que tão triste cala
No peito teu?
Sou eu, sou eu, sou eu!

Quando tu sentes lutuosa imagem
De aflito pranto com sombrio véu,
Rasgado o peito por acerbas dores;
Quem murcha as flores
Do brando sonho? — Quem te pinta amores
Dum puro céu?
Sou eu, sou eu, sou eu!

Se alguém te acorda do celeste arroubo,
Na amenidade do silêncio teu,

---

* O mal do qual sofri desapareceu como um sonho,
Só posso comparar uma longínqua lembrança
A estas neblinas leves que a aurora levanta
E que com o orvalho se vê desaparecer.
Musset: poeta francês (1810-1857).

Quando tua alma noutros mundos erra,
Se alguém descerra
Ao lado teu
Fraco suspiro que no peito encerra;
Sou eu, sou eu, sou eu!

Se alguém se aflige de te ver chorosa,
Se alguém se alegra com um sorriso teu,
Se alguém suspira de te ver formosa
O mar e a terra a enamorar e o céu;
Se alguém definha
Por amor teu,
Sou eu, sou eu, sou eu!

❖

GUIA DE LEITURA

I-Juca-Pirama
Os timbiras
Outros poemas*

Gonçalves Dias

1. Da leitura da "Canção do Exílio", explique em algumas linhas o enfoque dado por Gonçalves Dias à terra natal.

2. Explique o tema dominante em "O canto do guerreiro" – a exaltação da força e da valentia.

3. "I-Juca-Pirama", "Canto do Piaga" e "Marabá" são poemas de Gonçalves Dias muito representativos da 1ª fase do Romantismo brasileiro. Explique tal afirmação considerando as semelhanças e diferenças entre os poemas.

4. Que têm em comum os poetas Gonçalves de Magalhães e Gonçalves Dias?

5. Explique em poucas linhas o que foi o Indianismo.

6. Por que se costuma comparar a literatura de Gonçalves Dias com a de José de Alencar, se um é poeta e o outro romancista?

---

* Para que o professor possa trabalhar o Guia de Leitura com os alunos em sala de aula, não publicamos, aqui, o gabarito das questões. No entanto, pode-se obtê-lo entrando em contato conosco pelo telefone: (11) 3672 8144. Disponibilizamos o gabarito apenas para professores.

7. Explique em poucas palavras qual o argumento central da epopeia *Os timbiras*.

8. Faça um resumo de no máximo duas linhas para cada Canto do poema *I-Juca-Pirama*.

9. O que é uma epopeia? Por que podemos classificar *Os timbiras* dessa forma?

10. Descreva a personalidade e os valores do personagem I-Juca--Pirama.

❖

Questões de vestibular

1. (Unifor) As manifestações da literatura indianista ao longo do século XIX são testemunho da preocupação de alguns dos nossos escritores em

a) denunciar a condição de marginalidade econômica em que viviam as populações indígenas.

b) propagar a tese evolucionista, segundo a qual a marcha da civilização implica, como sacrifício, a repressão dos instintos naturais.

c) idealizar os valores culturais do nativo, em quem buscavam reconhecer traços de nobreza e aristocracia.

d) desmistificar a concepção do *bom selvagem*, segundo a qual os valores naturais seriam mais íntegros do que os da sociedade burguesa.

e) difundir uma ideologia nacionalista, alçando os hábitos e costumes dos povos indígenas à condição de modelos de uma *civilização brasileira*.

2. (Mack) Contemporâneo de Manuel Antônio de Almeida, Gonçalves Dias escreveu, em um de seus poemas:

No meio das tabas de amenos verdores,
Cercada de troncos – cobertos de flores,
Alteiam-se os tetos d'altiva nação (...)

Assinale a afirmação correta sobre o poeta.

a) Sua poesia indianista expressa concepção lírica e épica das nossas origens, reafirmando, no Brasil, os propósitos nacionalistas do Romantismo.

b) O embate entre o bem e o mal, típico tema romântico, assume para ele a forma da luta do oprimido contra o opressor, o que lhe permitiu uma visão ampla e humana do escravo.

c) Sua poesia confessional, ao gosto do público médio de seu tempo, alia, de maneira singela, a natureza e os sentimentos, como se vê nos versos citados.

d) Sua concepção de arte deu origem a poemas em que a linguagem verbal busca reproduzir objetiva e realisticamente objetos decorativos, como um vaso chinês ou uma estátua grega.

e) Em seus poemas, perde-se o rigor parnasiano, e o intenso trabalho com a sonoridade busca a *liberação* dos sentidos, "cárcere das almas", que impede o acesso ao Nirvana.

3. (Uncisal) Uma característica do Romantismo brasileiro presente no excerto abaixo transcrito de *I-Juca-Pirama* é

a) o "mal do século", expresso pela amargura e pelo intenso pessimismo que marcam todos os versos.

b) a construção literária da figura do índio tomando como referência o épico *Os Lusíadas*, de Camões.

c) o *carpe diem*, ou seja, a ideia de que é preciso aproveitar todos os momentos com sabedoria para não ser excluído do convívio social.

d) a idealização do índio, tomado como referência central para a construção literária da identidade nacional.

e) a religiosidade intensa, expressa na extrema moralidade demonstrada pelo pai ao rejeitar seu filho.

As estrofes a seguir pertencem ao Canto VIII de *I-Juca-Pirama*, de Gonçalves Dias. Nelas, o pai dirige-se ao filho, um guerreiro tupi que havia sido libertado por seus inimigos, os Timbiras, após pedir para não morrer. Considerando este relato e leia o poema.

Tu choraste em presença da morte?
Na presença de estranhos choraste?
Não descende o cobarde do forte;
Pois choraste, meu filho não és!
Possas tu, descendente maldito
De uma tribo de nobres guerreiros,
Implorando cruéis forasteiros,
Seres presa de vis Aimorés.

Possas tu, isolado na terra,
Sem arrimo e sem pátria vagando,
Rejeitado da morte na guerra,
Rejeitado dos homens na paz,
Ser das gentes o espectro execrado;
Não encontres amor nas mulheres,
Teus amigos, se amigos tiveres,
Tenham alma inconstante e falaz!
(...)
Sempre o céu, como um teto incendido,
Creste e punja teus membros malditos
E oceano de pó denegrido
Seja a terra ao ignavo tupi!
Miserável, faminto, sedento,
Manitôs lhe não falem nos sonhos,
E do horror os espectros medonhos
Traga sempre o cobarde após si.

4. (Furg) Sobre Gonçalves Dias, pode-se afirmar que esse poeta romântico:

a) integrou à sua obra lírica o tema da escravidão dos negros e fez dele sua luta pelos direitos humanos.
b) trabalhou com uma visão positiva a respeito do colonizador português.
c) foi um dos grandes pilares da poesia romântica, com o tema do indianismo.
d) costumava submeter-se aos padrões europeus e deles nunca discordava.
e) apregoava a ruptura dos versos, o coloquialismo e a necessidade de internacionalizar a literatura brasileira.

5. (Efoa) Observe com atenção o fragmento abaixo:

I-Juca-Pirama

No meio das tabas de amenos verdores,
Cercadas de troncos – cobertos de flores,
Alteiam-se os tetos d'altiva nação;
São muitos seus filhos, nos ânimos fortes,

Temíveis na guerra que em densas coortes
Assombram das matas a imensa extensão.

São rudos, severos, sedentos de glória,
Já prélios incitam, já cantam vitória,
Já meigos atendem à voz do cantor:
São todos Timbiras, guerreiros valentes!
Seu nome lá voa na boca das gentes,
Condão de prodígios, de glória e terror!

[...]

Reflita sobre as tendências da poesia romântica indianista e assinale a alternativa que NÃO confirma a visão idealizada do poeta em relação ao indígena brasileiro:

a) O índio de Gonçalves Dias ganhou o tom dos valorosos cavaleiros medievais e reafirmou o sentimento nacionalista de nosso Romantismo.

b) O poeta romântico transformou o silvícola em um dos símbolos da autonomia cultural e da superioridade da nação brasileira.

c) O poema gonçalvino enalteceu e preservou as tradições indígenas brasileiras, incorporando-as ao orgulho nacional.

d) *I-Juca-Pirama* expressa o nacionalismo de seu autor, que, ao idealizar a coragem e o heroísmo do índio brasileiro, atribuiu-lhe também alguns distúrbios de personalidade.

e) A poesia romântica indianista resgatou o passado histórico do Brasil e valorizou a bravura de seus habitantes naturais.

Gabarito

1. c
2. a
3. d
4. c
5. d

Relação dos Volumes Publicados

1. **Dom Casmurro**
Machado de Assis
2. **O Príncipe**
Maquiavel
3. **Mensagem**
Fernando Pessoa
4. **O Lobo do Mar**
Jack London
5. **A Arte da Prudência**
Baltasar Gracián
6. **Iracema / Cinco Minutos**
José de Alencar
7. **Inocência**
Visconde de Taunay
8. **A Mulher de 30 Anos**
Honoré de Balzac
9. **A Moreninha**
Joaquim Manuel de Macedo
10. **A Escrava Isaura**
Bernardo Guimarães
11. **As Viagens - "Il Milione"**
Marco Polo
12. **O Retrato de Dorian Gray**
Oscar Wilde
13. **A Volta ao Mundo em 80 Dias**
Júlio Verne
14. **A Carne**
Júlio Ribeiro
15. **Amor de Perdição**
Camilo Castelo Branco
16. **Sonetos**
Luís de Camões
17. **O Guarani**
José de Alencar
18. **Memórias Póstumas de Brás Cubas**
Machado de Assis
19. **Lira dos Vinte Anos**
Álvares de Azevedo
20. **Apologia de Sócrates / Banquete**
Platão
21. **A Metamorfose/Um Artista da Fome/Carta a Meu Pai**
Franz Kafka
22. **Assim Falou Zaratustra**
Friedrich Nietzsche
23. **Triste Fim de Policarpo Quaresma**
Lima Barreto
24. **A Ilustre Casa de Ramires**
Eça de Queirós
25. **Memórias de um Sargento de Milícias**
Manuel Antônio de Almeida
26. **Robinson Crusoé**
Daniel Defoe
27. **Espumas Flutuantes**
Castro Alves
28. **O Ateneu**
Raul Pompéia
29. **O Noviço / O Juiz de Paz da Roça / Quem Casa Quer Casa**
Martins Pena
30. **A Relíquia**
Eça de Queirós
31. **O Jogador**
Dostoiévski
32. **Histórias Extraordinárias**
Edgar Allan Poe
33. **Os Lusíadas**
Luís de Camões
34. **As Aventuras de Tom Sawyer**
Mark Twain
35. **Bola de Sebo e Outros Contos**
Guy de Maupassant
36. **A República**
Platão
37. **Elogio da Loucura**
Erasmo de Rotterdam
38. **Caninos Brancos**
Jack London
39. **Hamlet**
William Shakespeare
40. **A Utopia**
Thomas More
41. **O Processo**
Franz Kafka
42. **O Médico e o Monstro**
Robert Louis Stevenson
43. **Ecce Homo**
Friedrich Nietzsche
44. **O Manifesto do Partido Comunista**
Marx e Engels
45. **Discurso do Método / Regras para a Direção do Espírito**
René Descartes
46. **Do Contrato Social**
Jean-Jacques Rousseau
47. **A Luta pelo Direito**
Rudolf von Ihering
48. **Dos Delitos e das Penas**
Cesare Beccaria
49. **A Ética Protestante e o Espírito do Capitalismo**
Max Weber
50. **O Anticristo**
Friedrich Nietzsche
51. **Os Sofrimentos do Jovem Werther**
Goethe
52. **As Flores do Mal**
Charles Baudelaire
53. **Ética a Nicômaco**
Aristóteles
54. **A Arte da Guerra**
Sun Tzu
55. **Imitação de Cristo**
Tomás de Kempis
56. **Cândido ou o Otimismo**
Voltaire
57. **Rei Lear**
William Shakespeare
58. **Frankenstein**
Mary Shelley
59. **Quincas Borba**
Machado de Assis
60. **Fedro**
Platão
61. **Política**
Aristóteles
62. **A Viuvinha / Encarnação**
José de Alencar
63. **As Regras do Método Sociológico**
Émile Durkheim
64. **O Cão dos Baskervilles**
Sir Arthur Conan Doyle
65. **Contos Escolhidos**
Machado de Assis
66. **Da Morte / Metafísica do Amor / Do Sofrimento do Mundo**
Arthur Schopenhauer
67. **As Minas do Rei Salomão**
Henry Rider Haggard
68. **Manuscritos Econômico-Filosóficos**
Karl Marx
69. **Um Estudo em Vermelho**
Sir Arthur Conan Doyle
70. **Meditações**
Marco Aurélio
71. **A Vida das Abelhas**
Maurice Materlinck
72. **O Cortiço**
Aluísio Azevedo
73. **Senhora**
José de Alencar
74. **Brás, Bexiga e Barra Funda / Laranja da China**
Antônio de Alcântara Machado
75. **Eugênia Grandet**
Honoré de Balzac
76. **Contos Gauchescos**
João Simões Lopes Neto
77. **Esaú e Jacó**
Machado de Assis
78. **O Desespero Humano**
Sören Kierkegaard
79. **Dos Deveres**
Cícero
80. **Ciência e Política**
Max Weber
81. **Satíricon**
Petrônio
82. **Eu e Outras Poesias**
Augusto dos Anjos
83. **Farsa de Inês Pereira / Auto da Barca do Inferno / Auto da Alma**
Gil Vicente
84. **A Desobediência Civil e Outros Escritos**
Henry David Toreau
85. **Para Além do Bem e do Mal**
Friedrich Nietzsche
86. **A Ilha do Tesouro**
R. Louis Stevenson
87. **Marília de Dirceu**
Tomás A. Gonzaga
88. **As Aventuras de Pinóquio**
Carlo Collodi
89. **Segundo Tratado Sobre o Governo**
John Locke
90. **Amor de Salvação**
Camilo Castelo Branco
91. **Broquéis/Faróis/Últimos Sonetos**
Cruz e Souza
92. **I-Juca-Pirama / Os Timbiras / Outros Poemas**
Gonçalves Dias
93. **Romeu e Julieta**
William Shakespeare
94. **A Capital Federal**
Arthur Azevedo
95. **Diário de um Sedutor**
Sören Kierkegaard
96. **Carta de Pero Vaz de Caminha a El-Rei Sobre o Achamento do Brasil**
97. **Casa de Pensão**
Aluísio Azevedo
98. **Macbeth**
William Shakespeare

99. **Édipo Rei/Antígona**
Sófocles

100. **Lucíola**
José de Alencar

101. **As Aventuras de Sherlock Holmes**
Sir Arthur Conan Doyle

102. **Bom-Crioulo**
Adolfo Caminha

103. **Helena**
Machado de Assis

104. **Poemas Satíricos**
Gregório de Matos

105. **Escritos Políticos / A Arte da Guerra**
Maquiavel

106. **Ubirajara**
José de Alencar

107. **Diva**
José de Alencar

108. **Eurico, o Presbítero**
Alexandre Herculano

109. **Os Melhores Contos**
Lima Barreto

110. **A Luneta Mágica**
Joaquim Manuel de Macedo

111. **Fundamentação da Metafísica dos Costumes e Outros Escritos**
Immanuel Kant

112. **O Príncipe e o Mendigo**
Mark Twain

113. **O Domínio de Si Mesmo pela Auto-Sugestão Consciente**
Émile Coué

114. **O Mulato**
Aluísio Azevedo

115. **Sonetos**
Florbela Espanca

116. **Uma Estadia no Inferno / Poemas / Carta do Vidente**
Arthur Rimbaud

117. **Várias Histórias**
Machado de Assis

118. **Fédon**
Platão

119. **Poesias**
Olavo Bilac

120. **A Conduta para a Vida**
Ralph Waldo Emerson

121. **O Livro Vermelho**
Mao Tsé-Tung

122. **Oração aos Moços**
Rui Barbosa

123. **Otelo, o Mouro de Veneza**
William Shakespeare

124. **Ensaios**
Ralph Waldo Emerson

125. **De Profundis / Balada do Cárcere de Reading**
Oscar Wilde

126. **Crítica da Razão Prática**
Immanuel Kant

127. **A Arte de Amar**
Ovídio Naso

128. **O Tartufo ou O Impostor**
Molière

129. **Metamorfoses**
Ovídio Naso

130. **A Gaia Ciência**
Friedrich Nietzsche

131. **O Doente Imaginário**
Molière

132. **Uma Lágrima de Mulher**
Aluísio Azevedo

133. **O Último Adeus de Sherlock Holmes**
Sir Arthur Conan Doyle

134. **Canudos - Diário de uma Expedição**
Euclides da Cunha

135. **A Doutrina de Buda**
Siddharta Gautama

136. **Tao Te Ching**
Lao-Tsé

137. **Da Monarquia / Vida Nova**
Dante Alighieri

138. **A Brasileira de Prazins**
Camilo Castelo Branco

139. **O Velho da Horta/Quem Tem Farelos?/Auto da Índia**
Gil Vicente

140. **O Seminarista**
Bernardo Guimarães

141. **O Alienista / Casa Velha**
Machado de Assis

142. **Sonetos**
Manuel du Bocage

143. **O Mandarim**
Eça de Queirós

144. **Noite na Taverna / Macário**
Álvares de Azevedo

145. **Viagens na Minha Terra**
Almeida Garrett

146. **Sermões Escolhidos**
Padre Antonio Vieira

147. **Os Escravos**
Castro Alves

148. **O Demônio Familiar**
José de Alencar

149. **A Mandrágora / Belfagor, o Arquidiabo**
Maquiavel

150. **O Homem**
Aluísio Azevedo

151. **Arte Poética**
Aristóteles

152. **A Megera Domada**
William Shakespeare

153. **Alceste/Electra/Hipólito**
Eurípedes

154. **O Sermão da Montanha**
Huberto Rohden

155. **O Cabeleira**
Franklin Távora

156. **Rubáiyát**
Omar Khayyám

157. **Luzia-Homem**
Domingos Olímpio

158. **A Cidade e as Serras**
Eça de Queirós

159. **A Retirada da Laguna**
Visconde de Taunay

160. **A Viagem ao Centro da Terra**
Júlio Verne

161. **Caramuru**
Frei Santa Rita Durão

162. **Clara dos Anjos**
Lima Barreto

163. **Memorial de Aires**
Machado de Assis

164. **Bhagavad Gita**
Krishna

165. **O Profeta**
Khalil Gibran

166. **Aforismos**
Hipócrates

167. **Kama Sutra**
Vatsyayana

168. **O Livro da Jângal**
Rudyard Kipling

169. **De Alma para Alma**
Huberto Rohden

170. **Orações**
Cícero

171. **Sabedoria das Parábolas**
Huberto Rohden

172. **Salomé**
Oscar Wilde

173. **Do Cidadão**
Thomas Hobbes

174. **Porque Sofremos**
Huberto Rohden

175. **Einstein: o Enigma do Universo**
Huberto Rohden

176. **A Mensagem Viva do Cristo**
Huberto Rohden

177. **Mahatma Gandhi**
Huberto Rohden

178. **A Cidade do Sol**
Tommaso Campanella

179. **Setas para o Infinito**
Huberto Rohden

180. **A Voz do Silêncio**
Helena Blavatsky

181. **Frei Luís de Sousa**
Almeida Garrett

182. **Fábulas**
Esopo

183. **Cântico de Natal/ Os Carrilhões**
Charles Dickens

184. **Contos**
Eça de Queirós

185. **O Pai Goriot**
Honoré de Balzac

186. **Noites Brancas e Outras Histórias**
Dostoiévski

187. **Minha Formação**
Joaquim Nabuco

188. **Pragmatismo**
William James

189. **Discursos Forenses**
Enrico Ferri

190. **Medéia**
Eurípedes

191. **Discursos de Acusação**
Enrico Ferri

192. **A Ideologia Alemã**
Marx & Engels

193. **Prometeu Acorrentado**
Ésquilo

194. **Iaiá Garcia**
Machado de Assis

195. **Discursos no Instituto dos Advogados Brasileiros / Discurso no Colégio Anchieta**
Rui Barbosa

196. **Édipo em Colono**
Sófocles

197. **A Arte de Curar pelo Espírito**
Joel S. Goldsmith

198. **Jesus, o Filho do Homem**
Khalil Gibran

199. **Discurso sobre a Origem e os Fundamentos da Desigualdade entre os Homens**
Jean-Jacques Rousseau

200. **Fábulas**
La Fontaine

201. **O Sonho de uma Noite de Verão**
William Shakespeare

202. Maquiavel, o Poder
José Nivaldo Junior

203. Ressurreição
Machado de Assis

204. O Caminho da Felicidade
Huberto Rohden

205. A Velhice do Padre Eterno
Guerra Junqueiro

206. O Sertanejo
José de Alencar

207. Gitanjali
Rabindranath Tagore

208. Senso Comum
Thomas Paine

209. Canaã
Graça Aranha

210. O Caminho Infinito
Joel S. Goldsmith

211. Pensamentos
Epicuro

212. A Letra Escarlate
Nathaniel Hawthorne

213. Autobiografia
Benjamin Franklin

214. Memórias de Sherlock Holmes
Sir Arthur Conan Doyle

215. O Dever do Advogado / Posse de Direitos Pessoais
Rui Barbosa

216. O Tronco do Ipê
José de Alencar

217. O Amante de Lady Chatterley
D. H. Lawrence

218. Contos Amazônicos
Inglês de Souza

219. A Tempestade
William Shakespeare

220. Ondas
Euclides da Cunha

221. Educação do Homem Integral
Huberto Rohden

222. Novos Rumos para a Educação
Huberto Rohden

223. Mulherzinhas
Louise May Alcott

224. A Mão e a Luva
Machado de Assis

225. A Morte de Ivan Ilicht / Senhores e Servos
Leon Tolstói

226. Álcoois e Outros Poemas
Apollinaire

227. Pais e Filhos
Ivan Turguêniev

228. Alice no País das Maravilhas
Lewis Carroll

229. À Margem da História
Euclides da Cunha

230. Viagem ao Brasil
Hans Staden

231. O Quinto Evangelho
Tomé

232. Lorde Jim
Joseph Conrad

233. Cartas Chilenas
Tomás Antônio Gonzaga

234. Odes Modernas
Anntero de Quental

235. Do Cativeiro Babilônico da Igreja
Martinho Lutero

236. O Coração das Trevas
Joseph Conrad

237. Thais
Anatole France

238. Andrômaca / Fedra
Racine

239. As Catilinárias
Cícero

240. Recordações da Casa dos Mortos
Dostoiévski

241. O Mercador de Veneza
William Shakespeare

242. A Filha do Capitão / A Dama de Espadas
Aleksandr Púchkin

243. Orgulho e Preconceito
Jane Austen

244. A Volta do Parafuso
Henry James

245. O Gaúcho
José de Alencar

246. Tristão e Isolda
Lenda Medieval Celta de Amor

247. Poemas Completos de Alberto Caeiro
Fernando Pessoa

248. Maiakósvski
Vida e Poesia

249. Sonetos
William Shakespeare

250. Poesia de Ricardo Reis
Fernando Pessoa

251. Papéis Avulsos
Machado de Assis

252. Contos Fluminenses
Machado de Assis

253. O Bobo
Alexandre Herculano

254. A Oração da Coroa
Demóstenes

255. O Castelo
Franz Kafka

256. O Trovejar do Silêncio
Joel S. Goldsmith

257. Alice na Casa dos Espelhos
Lewis Carrol

258. Miséria da Filosofia
Karl Marx

259. Júlio César
William Shakespeare

260. Antônio e Cleópatra
William Shakespeare

261. Filosofia da Arte
Huberto Rohden

262. A Alma Encantadora das Ruas
João do Rio

263. A Normalista
Adolfo Caminha

264. Pollyanna
Eleanor H. Porter

265. As Pupilas do Senhor Reitor
Júlio Diniz

266. As Primaveras
Casimiro de Abreu

267. Fundamentos do Direito
Léon Duguit

268. Discursos de Metafísica
G. W. Leibniz

269. Sociologia e Filosofiia
Émile Durkheim

270. Cancioneiro
Fernando Pessoa

271. A Dama das Camélias
Alexandre Dumas (filho)

272. O Divórcio / As Bases da Fé / e outros textos
Rui Barbosa

273. Pollyanna Moça
Eleanor H. Porter

274. O 18 Brumário de Luís Bonaparte
Karl Marx

275. Teatro de Machado de Assis
Antologia

276. Cartas Persas
Montesquieu

277. Em Comunhão com Deus
Huberto Rohden

278. Razão e Sensibilidade
Jane Austen

279. Crônicas Selecionadas
Machado de Assis

280. Histórias da Meia-Noite
Machado de Assis

281. Cyrano de Bergerac
Edmond Rostand

282. O Maravilhoso Mágico de Oz
L. Frank Baum

283. Trocando Olhares
Florbela Espanca

284. O Pensamento Filosófico da Antiguidade
Huberto Rohden

285. Filosofia Contemporânea
Huberto Rohden

286. O Espírito da Filosofia Oriental
Huberto Rohden

287. A Pele do Lobo / O Badejo / o Dote
Artur Azevedo

288. Os Bruzundangas
Lima Barreto

289. A Pata da Gazela
José de Alencar

290. O Vale do Terror
Sir Arthur Conan Doyle

291. O Signo dos Quatro
Sir Arthur Conan Doyle

292. As Máscaras do Destino
Florbela Espanca

293. A Confissão de Lúcio
Mário de Sá-Carneiro

294. Falenas
Machado de Assis

295. O Uraguai / A Declamação Trágica
Basílio da Gama

296. Crisálidas
Machado de Assis

297. Americanas
Machado de Assis

298. A Carteira de Meu Tio
Joaquim Manuel de Macedo

299. Catecismo da Filosofia
Huberto Rohden

301. Rumo à Consciência Cósmica
Huberto Rohden

302. Cosmoterapia
Huberto Rohden

303. Bodas de Sangue
Federico García Lorca

304. Discurso da Servidão Voluntária
Étienne de La Boétie

305. Categorias
Aristóteles

306. **Manon Lescaut**
Abade Prévost

307. **Teogonia / Trabalho e Dias**
Hesíodo

308. **As Vítimas-Algozes**
Joaquim Manuel de Macedo

309. **Persuasão**
Jane Austen

310. **Agostinho** - *Huberto Rohden*

311. **Roteiro Cósmico**
Huberto Rohden

312. **A Queda dum Anjo**
Camilo Castelo Branco

313. **O Cristo Cósmico e os Essênios** - *Huberto Rohden*

314. **Metafísica do Cristianismo**
Huberto Rohden

315. **Rei Édipo** - *Sófocles*

316. **Livro dos provérbios**
Salomão

317. **Histórias de Horror**
Howard Phillips Lovecraft

318. **O Ladrão de Casaca**
Maurice Leblanc

319. **Til**
José de Alencar

Série Ouro
(Livros com mais de 400 p.)

1. **Leviatã**
Thomas Hobbes

2. **A Cidade Antiga**
Fustel de Coulanges

3. **Crítica da Razão Pura**
Immanuel Kant

4. **Confissões**
Santo Agostinho

5. **Os Sertões**
Euclides da Cunha

6. **Dicionário Filosófico**
Voltaire

7. **A Divina Comédia**
Dante Alighieri

8. **Ética Demonstrada à Maneira dos Geômetras**
Baruch de Spinoza

9. **Do Espírito das Leis**
Montesquieu

10. **O Primo Basílio**
Eça de Queirós

11. **O Crime do Padre Amaro**
Eça de Queirós

12. **Crime e Castigo**
Dostoiévski

13. **Fausto**
Goethe

14. **O Suicídio**
Emile Durkheim

15. **Odisseia**
Homero

16. **Paraíso Perdido**
John Milton

17. **Drácula**
Bram Stoker

18. **Ilíada**
Homero

19. **As Aventuras de Huckleberry Finn**
Mark Twain

20. **Paulo – O 13º Apóstolo**
Ernest Renan

21. **Eneida**
Virgílio

22. **Pensamentos**
Blaise Pascal

23. **A Origem das Espécies**
Charles Darwin

24. **Vida de Jesus**
Ernest Renan

25. **Moby Dick**
Herman Melville

26. **Os Irmãos Karamazovi**
Dostoiévski

27. **O Morro dos Ventos Uivantes**
Emily Brontë

28. **Vinte Mil Léguas Submarinas**
Júlio Verne

29. **Madame Bovary**
Gustave Flaubert

30. **O Vermelho e o Negro**
Stendhal

31. **Os Trabalhadores do Mar**
Victor Hugo

32. **A Vida dos Doze Césares**
Suetônio

33. **O Moço Loiro**
Joaquim Manuel de Macedo

34. **O Idiota**
Dostoiévski

35. **Paulo de Tarso**
Huberto Rohden

36. **O Peregrino**
John Bunyan

37. **As Profecias**
Nostradamus

38. **Novo Testamento**
Huberto Rohden

39. **O Corcunda de Notre Dame**
Victor Hugo

40. **Arte de Furtar**
Anônimo do século XVII

41. **Germinal**
Emile Zola

42. **Folhas de Relva**
Walt Whitman

43. **Ben-Hur — Uma História dos Tempos de Cristo**
Lew Wallace

44. **Os Maias**
Eça de Queirós

45. **O Livro da Mitologia**
Thomas Bulfinch

46. **Os Três Mosqueteiros**
Alexandre Dumas

47. **Poesia de Álvaro de Campos**
Fernando Pessoa

48. **Jesus Nazareno**
Huberto Rohden

49. **Grandes Esperanças**
Charles Dickens

50. **A Educação Sentimental**
Gustave Flaubert

51. **O Conde de Monte Cristo (Volume I)**
Alexandre Dumas

52. **O Conde de Monte Cristo (Volume II)**
Alexandre Dumas

53. **Os Miseráveis (Volume I)**
Victor Hugo

54. **Os Miseráveis (Volume II)**
Victor Hugo

55. **Dom Quixote de La Mancha (Volume I)**
Miguel de Cervantes

56. **Dom Quixote de La Mancha (Volume II)**
Miguel de Cervantes

57. **As Confissões**
Jean-Jacques Rousseau

58. **Contos Escolhidos**
Artur Azevedo

59. **As Aventuras de Robin Hood**
Howard Pyle

60. **Mansfield Park**
Jane Austen